Money Life Balance

저금리 시대의 소박한 행복

머라밸

2020년 1월 31일 1판 1쇄 발행

지은이 | 박용제
펴낸이 | 양승윤

펴낸곳 | (주)영림카디널
　　　　서울특별시 강남구 강남대로 354 혜천빌딩
　　　　Tel. 555-3200　Fax.552-0436
　　　　출판등록 1987. 12. 8. 제16-117호
　　　　http://www.ylc21.co.kr

기획 | (주)엔터스코리아 책쓰기브랜딩스쿨

값 14,000원

ISBN 978-89-8401-235-5 (03320)

「이 도서의 국립중앙도서관 출판예정도서목록(CIP)은 서지정보유통지원시스템
홈페이지(http://seoji.nl.go.kr)와 국가자료공동목록시스템(http://www.nl.go.kr/kolisnet)에서
이용하실 수 있습니다.(CIP제어번호: CIP2019053421)」

머라밸

Money Life Balance

저금리 시대의 소박한 행복

박용제 지음

영림카디널

일과 삶, 그리고 돈

돈과 행복에는 상관관계가 있을까? 미국의 경제학자인 리처드 이스털린(Richard Easterlin)은 1946년~1970년까지 전 세계 30개국의 소득수준과 행복의 상관관계를 조사했다. 그는 이 연구를 통해 소득이 일정 수준을 넘기면 행복도의 증가와 비례하지 않는다는 사실을 발견했다. 또한, 그는 1972년~1991년까지 추가로 실시한 조사에서 미국 경제가 성장했지만 스스로 행복하다고 생각하는 사람은 줄어들었다는 사실을 알게 된다. 그야말로 '행복의 역설'이다.

우리나라에도 이스털린의 연구와 비슷한 사례가 있다. 한국노동연구원에 따르면, 월소득이 600만 원인 사람까지는 소득에 비례해 행복도가 급속도로 증가하지만 월소득 600만 원부터 1,000만 원 사이에서는 행복도가 완만하게 증가하고, 1,000만 원이 넘어가는 시점이 되면 오히려 소득이 증가할수록 행복도가 감소하는 것으로 나타났다.

우리는 여기서 한 가지 사실에 주목할 필요가 있다. 돈과 행복의 상관관계는 일정 소득이 넘어서면 지속되지 않는다는 것이다. 그렇다면 어떻게 사는 게 행복한 것일까? 돈은 분명히 행복

가구총소득과 행복도(단위: 점)

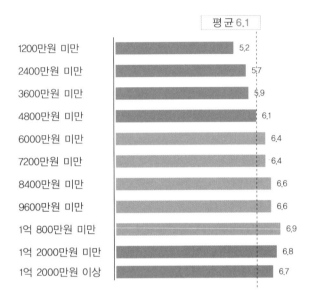

	평균 6.1
1200만원 미만	5.2
2400만원 미만	5.7
3600만원 미만	5.9
4800만원 미만	6.1
6000만원 미만	6.4
7200만원 미만	6.4
8400만원 미만	6.6
9600만원 미만	6.6
1억 800만원 미만	6.9
1억 2000만원 미만	6.8
1억 2000만원 이상	6.7

과 상관관계가 있다. 그러나 돈이 늘어난다고 행복이 마냥 늘어
나지는 않는다. 이 대목에서 우리가 머라밸(Money Life Balance)을
추구해야 할 이유를 찾게 된다. 한때 워라밸(Work Life Balance)이
우리 사회를 풍미했고, 지금도 그 여진은 만만치 않게 우리의 삶에
영향을 미치고 있다. 하지만 일과 삶의 균형 그 자체만으로 행복
에 대한 기대치를 원하는 만큼 충족시켜나갈 수 있을까? 문제는
돈이다. 사람마다 제각기 다르겠지만, 어떤 행복을 좇든 거기에
합당하고 적정한 수준의 경제력을 갖추지 못한다면 워라밸은 공
허한 희망사항(wishful thinking)에 그칠 공산이 크다.

인생은 길다. 막 사회생활을 시작하는 청춘도, 여우 같은 아내와 토끼 같은 자식들을 건사해야 하는 중년도, 황혼기의 노·장년도 돈과 삶의 균형을 뇌리에서 놓아버리면 곤란하다. 앞서 언급했듯이, 하루하루를 살면서 자신의 행복을 유지하는 데는 돈을 들이지 않을 수 없기 때문이다. 즉, 삶과 돈의 균형을 맞추는 머라밸을 평생 의식하며 살아야 행복다운 행복을 누릴 수 있다는 이야기다.

무소유(無所有)의 삶이란 법정 스님처럼 철학적 견지에서 세상사를 초월한 현인들에게나 가능하다. 우리 같은 범인들은 필요한 만큼의 돈을 손에 쥐어야 삶이 편해지고 행복감을 느끼며 살 수 있다. 나는 지금 우리 모두 부자가 되자고 말하는 게 아니다. 주어진 여건에서 일과 삶의 균형을 맞추되 돈이란 균형추를 개입시켜 그 삶을 안정적으로 행복하게 이끌어가는 지혜를 논하고자 하는 것이다. 앞서 언급한 대로, 돈만 많이 번다고 해서 결코 행복해지지는 않는다. 나는 여러분에게 청춘에서 황혼의 노년까지 인생 전반에 걸쳐 효율적으로 머라밸을 실천하는 방법을 전하며, '넘치지도 않고 부족하지도 않으면서 최대 만족의 행복을 누리는' 인생을 설계해주고 싶다.

자, 머라밸의 여행을 떠나자.

차례

4. 은퇴 후의 삶은 머라밸의 동력

1장

왜
머라밸인가?
Money Life Balance

혹시 '땅콩 회항'이라는 말을 기억하는가? 대한민국에서 내로라하는 대형 항공사인 대한항공 오너 일가의 갑질 사건이 여론의 도마에 오르면서 나온 말이다. 당시 온 나라를 뜨겁게 달구었던 이 갑질 논란은 결국 당사자가 무혐의 처분을 받아 허망하게 끝났지만, 이 사건이 우리 사회에 던진 메시지는 크다. 돈은 많지만 삶이 행복하지 않은 사람들의 모습을 보여주는 전형적인 사례였기 때문이다.

머라밸이 안 돼서
서글픈 사람들

누군가가 타인에게 갑질을 한다면 자존감이 낮은 사람일 확률이 높다. 이런 사람들은 스스로를 가치 있고 소중한 존재로 여기지 못해서, 늘 타인에게 인정받아야 하며 만약 자신이 무시당했다고 생각되면 참지 못한다. 이런 사람들의 특징은 말에서 잘 드러난다.

"내가 누군지 알아?"

"감히 나한테 그따위로 행동해?"

"너 같은 것들은 사람도 아니야."

타인을 깔아뭉갬으로써 자신의 존재감을 드러낸다. 이들은 남들이 감히 따라오지 못할 엄청난 재산을 갖고 있어도 늘 불행하다.

이런 사례도 있다. 얼마 전 폐지 줍는 할머니의 삶을 다룬 다큐멘터리 한 편을 본 적이 있다. 다큐멘터리를 보는 동안 내내 마음이 불편했다. 사연의 주인공인 할머니는 2명의 자녀와 연락이 끊긴 지 오래다. 지방자치단체에서 나오는 생계보조비로는 생활이 힘들어 시간이 날 때마다 폐지를 주워 부족한 생활비를 마련한다. 그런데 하필 다큐멘터리 방송을 찍은 날은 유난히 비가 많이 내렸다. 할머니는 비에 젖어 무거워진 폐지를 들고 고물상을 찾았지만, 고물상 주인은 젖었다는 이유로 폐지를 받아주지 않았다. 그러자 할머니는 그 자리에 주저앉아 몇 시간을 내리 기다리며 자신의 신세를 한탄한다. "폐지를 돈으로 바꿔 라면이라도 사 가려고 했는데 그게 안 돼. 집에 못 가." 결국, 할머니는 폐지가 마를 때까지 그곳에 우두커니 앉아있었다. '땅콩 회항' 갑질의 주인공과는 사정이 영 딴판이다. 우리 주변에는 이 할머니처럼 돈이 없어 머라밸은 아예 염두에 두지 못할 사람들이 너무 많다.

당신의 삶은 어떤가? 비단, 두 사례처럼 양극단에 놓여 있는 사람이 아닐지라도 자신의 경제생활에 만족하는 사람은 그리 많지 않다. 그렇다면 어떻게 하면 우리는 경제적으로 자유로우면서도 행복할 수 있을까?

행복을 위한
세 가지 필요조건

우리나라는 1970년대부터 2000년대 초반까지 30여 년간 급속한 경제성장을 이룩했지만, 그에 따른 후유증으로 몸살을 앓고 있다. 소득 불균형, 낮은 취업률, 빨라진 은퇴, 늘어난 평균수명, 만성적인 저금리 구조로 미래는 불투명해져가고 있다. 취업과 결혼, 육아와 출산, 주택 마련과 자녀 교육, 은퇴와 노후 생활, 그리고 건강까지 우리 각자에게 안겨지는 부담은 날로 가중되고 있는 현실이다. '호모 헌드레드(Homo Hundred)' 시대의 긴 세월을 살아가면서 이렇게 통과의례처럼 꼭 거쳐야 하는 라이프사이클의 매순간마다 기본적인 비용이 필요하다. 아무리 행복이 마음먹기에 달렸다고 하지만, 우리가 돈에 집착하지 않을 수 없는 이유가 바로 여기에 있다.

KBS 다큐멘터리 〈행복해지는 법 2부-행복의 비밀코드〉에 나온 설문조사에 의하면, 사람들은 행복의 조건으로 돈을 제일 먼저 꼽는다. 그래프를 보면 알 수 있듯이, 행복의 필수 조건은 1위 돈(40.6%), 2위 건강(28.4%), 3위 화목한 가족(20.3%), 4위 배우자나 이성 친구(7.5%), 5위 친구(3.1%) 순이다. 연령에 따른 설문

행복하기 위해 필요한 것

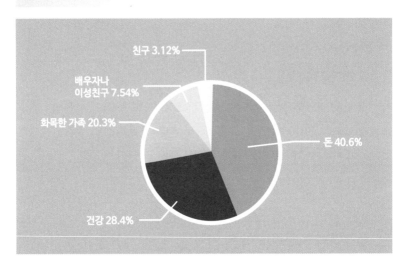

결과는 다소 차이가 있겠지만 돈, 건강, 관계가 행복의 중요한 요소임을 부정할 수는 없다.

물론 돈을 번다고 해서 가족이나 친구들과의 관계를 소홀히 해서는 안 된다. 그리고 은퇴 후 미래의 삶을 위해 돈을 벌고 모아야 한다는 생각도 결코 소홀히 해서는 안 된다. 가족이나 친구, 그리고 미래의 삶은 행복을 추구하는 데 돈 못지않게 소중한 것들이기 때문이다. 나는 여기서 강조하고 싶다. '돈이 인생의 목적이 되어서는 안 되지만, 인생의 목적을 이룰 수단으로써 반드시 필요하다.'

그렇다면 우리 같은 보통 사람들은 돈을 어떻게 모아야 할까?

통장에 1억 원을
넣어봤자···

2008년 서브프라임모기지(Sub-prime Mortgage, 비우량 주택담보대출) 금융 위기 이후 우리나라는 급격한 저금리 국면으로 돌입했다. 그리고 2019년 12월 현재 1년 만기 정기예금 금리는 연 1.5% 내외로 뚝 떨어졌다.

현재 수준의 금리로 통장에 1억 원을 넣으면, 원금을 손상하지 않고 한 달에 받을 수 있는 이자가 고작 10만 5천 원 수준이다. 2억 원을 넣으면 21만 원, 5억 원을 넣어놓아도 53만 원 정도가 이자로 지급된다. 뭔가 이상하다. 30년 넘게 일한 대가로 받은 퇴직금을 탈탈 털어 넣어도 편안한 은퇴 생활은커녕 한 달 아파트 관리비도 내기 어려운 현실이다. IMF사태 이전에는 어땠을까? 1997년 1월로 거슬러 올라가면 1년 만기 정기예금 금리는 연 13%였다. 1억 원을 통장에 넣어놓으면 매달 92만 원을 받을 수 있었다. 그런데 불과 20년 사이에 너무 다른 세상이 되어버린 것

원금 손실 없이 한 달에 받을 수 있는 은행이자(세후 기준)

(단위: 천 원)

예치금 이자율	1억 원	2억 원	3억 원	5억 원	10억 원
1.50%	105	210	315	525	1,050
2.00%	141	282	423	705	1,410

이다. 이제 이자소득에 매달려 은퇴 후 생활을 영위하기란 불가능해졌다. 이런 상황에서 살아남으려면 우선 오늘날의 저금리 현상에 대해 올바르게 이해할 필요가 있다. 그래야만 현재 가정생활의 재무 계획이나 은퇴 후 삶의 목표를 합당하게 설정해나갈 수 있다.

우리는 주변에서 누구나 부자가 될 수 있다는 자극적인 제목의 금융 상품이나 허황된 재테크 권유에 노출되고 있다. 누구나 일확천금의 꿈을 꾸다 보니 이런 심리에 편승하는 사기꾼들이 판을 치기도 한다. 요즘 가장 유행하는 금융 사기 수법들 가운데 폰지 사기라는 게 있다. 만성적인 경제 불황에 마땅한 투자처가 없는 요즘 폰지 사기꾼들은 '확정 고금리'를 내세우고 있어, 지금 같은 저금리 환경에서는 솔깃한 제안일 수밖에 없다. 상품권 선매입, 외환선물거래, 수익형 부동산, 심지어 돼지 분양 사기까지 많은 사람들이 고금리에 현혹되어 수십 년간 모은 돈을 한 번에 사기꾼들에게 털리고 있다. 내 주위에서도 심심찮게 목격한 현상들이다.

최근 10여 년 사이에 뿌리를 내리고 있는 저금리의 상황은 분명 우리의 경제생활에 상당한 파장을 미치고 있다. 그렇다면 이 저금리 환경에서 우리는 어떻게 살아남아야 할까? 무엇부터 어떻게 준비해야 할까? 나는 경제 교육에서 그 해결책을 찾아야 한다고 주장한다. 우리 국민들은 경제 교육이나 금융 교육을 제대로 받지 못하고 있다. 재테크를 빙자한 금융 사기꾼들이 설치는 것도 다 그런 환경 때문이다.

자, 자신이 번 돈을 바탕으로 한푼 두푼 알뜰히 늘려가며 안정적인 중·장년을 거쳐 은퇴 이후의 삶까지 준비하는 방법은 없을까? 저금리 시대에 머라밸을 꿈꾸고 있다면 당연하게 품게 되는 의문이다.

자산이 쉽게
불어나지 않는 시대

저금리 시대의 가장 슬픈 현실은 돈이 쉽게 불어나지 않는다는 것이다. 저금리 시대에 돈을 불리는 게 얼마나 힘든지 알고 싶다면, 72의 법칙이라고 불리는 복리의 법칙을 자신의 자산 현황에 맞춰보면 된다. 72의 법칙이란 쉽게 말해, '자산이 2배로 늘어나는 데 걸리는 시간(년) 또는 복리투자수익률(%)'을 구하는 법칙인데 72를 분자로 놓고 주어진 기간이나 수익률을 나누면 아주 쉽게 답을 구할 수 있다.

예를 들면, 내가 가진 1억 원을 10년간 2배로 불리려면 매년 몇 %의 수익률을 올려야 할까? 답은 72를 10으로 나눈 7.2%다.

내가 가진 1억 원을 가지고 매년 5%의 수익률을 올릴 수 있다면, 몇 년이 지나야 2억 원으로 만들 수 있을까? 답은 72를 5로 나눈 14.4년이다.

72의 법칙(복리의 법칙)

$$\frac{72}{년} = \frac{\%}{\text{(복리수익율)}} \qquad \frac{72}{\%} = 년$$

그러면, 저금리 시대의 현실에 이 법칙을 대입해보자. 1997년 1월, 우리나라의 1년 만기 정기예금 금리는 연 13%였다. 가장 안전한 1년짜리 은행예금을 하면 이자를 연간 원금의 13%를 줬다는 이야기다. 물론 IMF사태가 터지고 나서는 금리가 무려 30%까지 치솟기도 했지만, 일반적이고 평균적인 금리 수준은 13% 정도였다. 그런데 2020년 지금은 얼마인가? 연 1.5% 내외이다. 많게는 연 2%짜리 예금도 있지만, 역시나 13%에 비하면 턱없이 적은 금리다.

1997년과 2020년의 금리 변동 추이를 72의 법칙에 넣어보면 아주 재미있는 결과가 나온다.

$$[\text{1997년}] \ \frac{72}{13} = 5.5년 \quad vs \quad [\text{2020년}] \ \frac{72}{2} = 36년$$

만약 종자돈으로 1억 원을 모은 부부가 있었다고 가정하면, 1997년에는 은행에 1억 원을 넣어놓고 5.5년만 지나면 2억 원으로 불릴 수 있었다. 11년이 지나면 4억 원, 16.5년이 지나면 8억 원, 22년이 지나면 16억 원이 된다. 자산의 증식 속도가 5G급이다.

그런데 지금은 1억 원을 통장에 넣어놓으면 36년이 지나야 2억 원이 된다. 40세에 1억 원을 모았다면 76세가 되어서야 2억 원을 만져볼 수 있게 된다. 만약 1997년의 금리 수준이라면 33년 후에 1억 원은 64억이 된다. 실로 엄청난 차이다.

저금리 시대에는 자산을 불리기가 좀처럼 쉽지 않은 현실을 깊이 인식하며 살아야 한다. 결국 재테크의 눈높이를 낮출 수밖에 없다는 말이다. 우리 세대가 재테크를 못 해서, 혹은 부모님 세대가 재테크를 잘해서 그렇게 된 것이 아니다. 금융 환경의 변화와 함께 자산의 증식 속도가 몰라보게 달라져 버린 탓이다. 현실을 냉철하게 받아들이며 돈을 대하는 것과 그렇지 않은 것과는 큰 차이가 있다. 이제 우리 시대에 적절하게 재테크를 정의하고 구체적인 전략을 새롭게 세워나가야 할 필요가 있다.

상상 속의 노후는 실제와 다르다!

우리는 근대화 이후로 한 번도 경험해본 적 없는 대규모 은퇴 시대를 맞고 있다. 1차 베이비부머(1955년생~1963년생, 715만 명)의 은퇴가 본격적으로 시작된 지 벌써 10년이 지났다. 그리고 2차 베이비부머(1968년~1974년생, 605만 명)의 은퇴도 코앞으로 다가왔다. 시간이 흐르면 우리나라만의 특수한 상황을 고려한 연구 결과가 쌓이겠지만, 그 전에 우리보다 먼저 고령화 사회로 접어든 일본의 사례를 참고하면 다가올 미래를 준비하는 데에 도움이 될 것이다.

일본 유바리시(夕張市)는 홋카이도의 소도시로 1890년대부터 탄광이 개발되어 번창한 도시이다. 우리나라로 따지면 정선쯤 되겠다. 1980년부터 관광도시로 재개발하려는 붐이 일어 대규모 리조트와 호텔이 들어섰지만, 결국 만성 적자를 줄이지 못하고 파산하게 된다. 1960년 10만 명을 웃돌던 인구는 현재 8천 명 수준으로 줄었고, 젊은이들은 떠나고 주민의 절반 이상을 65세 이상인 노인들이 차지하고 있다. 개발 수요를 제대로 파악하지 못한 채 무리하게 투자한 게 파산의 주원인이었겠지만, 유바리시의 파산 배경에는 전원생활을 꿈꾸며 몰려든 노인 인구가 깔려 있었다. 소비성향이 낮고 세제 혜택을 받는 노인들이 늘다 보니 지자체의 소비 경제력이 떨어졌고, 청·장년층이 노인 인구를 부양해야만 하는 상황에 직면하게 되었던 것이다. 유바리시는 2006년 6월 일본 전역에 이런 사정을 알리며 파산을 선고하게 된다.

[동아일보 2006년 6월 기사 참조]

우리나라보다 20년 먼저 고령화를 경험한 일본에서는 요즘 노인들의 '도심 회귀 현상'이 두드러지게 나타난다. 노인들에게 전원생활이 힘겹게 받아들여지고 있기 때문이다. 지금은 가족들을

■ 늘어난 유바리 시민 부담
부부(40대), 초등학생 1명, 유아(3세 이상) 1명의 4인 가족 기준
연간 급여소득 400만 엔. 무주택, 경자동차 1대 소유 가정

■ 늘어나는 부담(연간)
-하수도 요금 --- 2만 880엔
-쓰레기 수거료 --- 1만 200엔
-주민세 --- 5200엔
-자동차세 --- 3600엔
-보육료(1명) --- 12만 6000엔

합계 16만 5880엔
※매월 1만 3824엔의 부담 증가

자료 : 유바리 시청

유바리
홋카이도
삿포로

자주 볼 수 있으며, 마트가 가까워 생필품 구매가 쉽고 아프면 쉽게 병원에 갈 수 있는 도심 역세권 소형평의 주택이 노후 생활의 최적지로 인식되고 있다. 이렇듯 우리가 지금 생각하고 있는 노후 생활과 실제는 매우 다르다. 노인들은 나이가 들수록 가족들이 필요하고 자신을 돌봐줄 누군가를 원하며, 또래들과 어울려 생활하기보다는 젊은 사람들 속에서 살고 싶어 한다.

우리나라도 시간이 지나면 전원생활을 꿈꾸는 은퇴자들보다 자신이 살던 도심에서 노후를 맞이하고 싶은 사람들이 늘어날 것이다. 마음만 먹으면 자식과 손주를 볼 수 있고 거리에 구애받지 않고 마트와 병원을 쉽게 이용할 수 있는 그런 곳에서 말이다. 복잡한 도시를 벗어나고 싶지만 도시를 벗어나면 노후가 더 힘들어질 수도 있다. 그러나 도시 생활은 숱한 편의를 누리는 대신 더 많은 비용을 지불해야 한다. 이는 우리 사회가 앞으로 직면하게 될 상황이고 옆 나라 일본에서 이미 목격하고 있는 실상이다.

2장

머라밸의 출발은
미니멀리즘
Money Life Balance

우리는 TV, 라디오, 인터넷, 모바일 같은 수많은 매체들에 노출되어 매일을 살아간다. 특히 요즘은 쇼핑 채널이 너무 다양해졌다. 그중에서 두드러지는 경로는 바로 모바일이다. 이미 모바일 구매 비중은 전체 온라인쇼핑의 60%를 넘어섰다(2018년 11월 기준, 통계청).

아무래도 너나 할 것 없이 스마트폰을 보고 있는 시간이 늘어나면서 손안에 쥐고 있는 스마트폰을 활용해 무엇이든 손쉽게 구매할 수 있게 되었기 때문일 것이다.

모바일 쇼핑 거래 현황

11월 모바일쇼핑 거래액(그림=통계청) 출처 : 빅터뉴스 | 데이터 저널리즘(http://www.bigtanews.co.kr)

정리하지 못하는 이유

이렇게 쇼핑이 쉬워진 만큼 우리는 전보다 더 많은 물건을 구매한다. 물건이 늘어난다는 것은 그만큼 정리가 힘들어진다는 이야기다. 당연히 어떤 물건을 구입하든 과연 잘 쓰고 있는지 면밀하게 따져볼 필요가 있다.

예를 들어, 미세먼지가 거의 없던 10년 전에는 공기청정기가 필요 없었지만 지금은 가정마다 필수품이 되다시피 했다. 그러나 모든 물품이 공기청정기와 같지는 않다. 수시로 구입해 늘어나는 물건들 가운데 시간이 지나면서 '필요 없는 것', '사용 빈도가 떨어지는 것'이 생기게 마련이다. 게다가 제한적인 수납공간을 활용하려면 새로운 물건을 구매할 때마다 정들었던 물건을 버려야 하는데 그러기란 쉽지 않다. 결국 점점 물건은 늘어나고 공간은 좁아져 물건이 내 삶의 공간을 잡아먹는 지경에 이른다. 물건이 쌓이고 정리가 안 되는 것은 버리는 습관을 들이지 못했기 때문이다. 이렇듯 제대로 정리를 못하는 데 무분별한 구매 습관까지 더해지면 상황은 더욱 심각해질 수밖에 없다.

물건이 늘어나면 늘어날수록 제대로 관리하고 보관하기가 어려워진다. 또 같은 물건이 한두 개일 때는 정리하기 쉽지만 여러 개로 늘어나면 정리할 엄두를 내지 못하게 된다. 만약 내 방 안에 물건이 쌓이고 있다면 무분별하게 구입한 결과인지, 아니면 버리지 못하는 습관 탓인지, 또는 두 가지가 결합된 것인지 냉철하게 점검해봐야 한다.

운이 아니라 습관의 문제

전통의 풍수지리에서는 복을 주는 신이 깨끗하고 밝은 곳에 머물기를 좋아한다는 이야기가 있다. 그래서 집 안으로 들어서는 입구, 즉 현관이 깔끔하게 정리되어있으면 재물운을 부른다고 한다. 돈을 넣어두는 지갑도 마찬가지다. 지갑을 항상 정갈하게 관리하는 사람에게는 재물운이 붙는다고 한다. 내가 본디 사주팔자나 점을 믿는 사람은 아니지만, 언제부터인가 이런 이야기들 속에 일정한 법칙이 있음을 터득하게 되었다.

바로 '매일 정리하는 습관'이다. 물건이 어지럽게 쌓여있는 공간에 재물이 들지 않는다는 것은 불필요한 물건을 버리지 못하거나 소비 행태가 무분별한 탓에 기인한다. 즉, 영수증을 가득 구겨 넣은 지갑은 그 자체가 돈을 쓰고도 일목요연하게 정리하지 못하는 습관을 고스란히 드러내는 것으로 결국 재물운을 막고 있다고 할 수 있다.

더 정확히 설명하면, 재물운을 부르는 것은 습관에 달려있다는 말이다. 예를 들어보자. 평소 인터넷 쇼핑을 좋아하는 나쇼핑 씨는 시도 때도 없이 울리는 쇼핑앱 알람을 거의 반사적으로 들여다본다. 지난주에 구매한 것과 거의 똑같은 운동화라서 꼭 필요하지 않음에도 특가세일이란 광고에 혹해 쇼핑 바구니에 담는다. 그리고 순식간에 결재해버린다. 지난주에 산 운동화는 아직 택배 포장을 뜯지도 않은 채 방 한구석에 방치해 놓고 있다.

　나 자신도 쇼핑으로 스트레스를 해소했던 시절이 있었고, 이렇게 마구 사들인 물건들을 방 안에 가득 늘어놓은 적이 있었다. 앞에서 얘기했던 것처럼 이런 물건들을 좀처럼 버리지 못하는 것은 나에게 고질병이나 다름없었다. 1년 동안 신지 않는 신발이 버젓이 신발장을 차지하고 있어 수시로 아내의 잔소리까지 들어야 했음에도 좀처럼 버리지 못했다. 왠지 다시 신어야 할 순간이 올 것 같은 기분이 들고, 막상 버리자니 아까운 마음이 간절했다. 그러나 한번 신발장 깊숙이 들어간 신발을 다시 신는 기회는 단 한 번도 오지 않았다. 결국 버릴 것을 버리지 못하고 정리를 소홀히 하는 습관 때문에 합리적인 소비가 어려워지고 이래저래 돈을 허투루 날리는 경우가 비일비재했던 것 같다.

　직장 생활을 하다보면 책상을 항상 정리 정돈하는 친구와 그렇지 못한 친구가 있다. 십중팔구 책상을 잘 정리하는 친구가 일도 잘하고 돈도 잘 모은다. 나 자신이 다년간 관찰한 결과이다. 정리하는 습관이 좋은 운을 부른 결과라고나 할까? 나는 재물운이 선천적으로 타고나는 게 아니라 습관에 의해 후천적으로 생기는 것임을 굳게 믿고 있다.

소유할수록 잃는 것들

사람의 욕망은 끝이 없다. 사람들은 대부분 남보다 더 많이 갖고 더 좋은 것을 소유해야 성공했다고 생각한다. 하지만 소유는 대가와 책임을 수반한다. 자, 여러분은 소유에 집착하면서 잃는 게 얼마나 많은 지를 생각해본 적이 있는가?

우리 집 자가용 승용차가 1대였다가 2대로 늘어났다고 가정해 보자. 매주 손세차를 하는데 차 1대당 30분이 소요되었는데, 2대로 늘어나자 1시간 이상을 써야 한다. 오일을 갈아야 하는 간단한 정비부터 타이어 교체, 차량 검사 등 이런 저런 관리에도 이전보다 2배에 달하는 시간과 비용을 들여야 한다. 그래서 요즘에는 차를 소유하지 않고 빌리는 렌탈이 유행하고 있다. 렌탈은 관리에 빼앗기는 시간과 비용을 줄일 수 있어 젊은 층을 중심으로 트렌드처럼 퍼져나가고 있다.

2011년 동일본 대지진 이후, 일본에서는 미니멀리즘이란 신조어가 나와 하나의 라이프스타일로 자리를 잡게 되었다. 일본말로는 '단샤리(だんしゃり)'라고 하는데 '불필요한 것을 버리고 끊는다'에서 나왔다. 사람들은 당시 지진으로 폐허가 된 집을 정리하던 중 집 안 곳곳의 물건 가운데 70% 이상이 쓰지 않고 쌓아두었던 것이며, 이런 물건들이 지진 당시 흉기가 되어 주변 사람들을 다치게 했다는 사실을 깨달아야 했다.

《나는 단순하게 살기로 했다》의 저자 사시키 후미오는 집 안의 물건을 정리하자 오롯이 자신에게 집중할 시간이 생겼고 그로 인해 행복감이 커졌고 말한다. 소중한 사람들과 여행을 다니고 맛있는 것을 먹으러 다니며 자신의 소원을 추구하는 데 더욱 집중하게 되었다고 한다.

그가 실천한 한 가지는 '물건을 버리는 것'이었다. 그는 버릴수록 남과 비교하면서 커져갔던 상대적 박탈감이 사라지고 자신의 직업과 미래에 대한 불안마저 줄일 수 있었다고 했다. 후미오가 물건을 버리는 데 걸린 시간은 1년 남짓이었는데, 그 1년 동안 그의 삶이 몰라보게 달라졌다고도 했다. 그렇다. 미니멀리즘의 핵심은 바로 '내가 진정으로 원하는 일이나 물건에 집중할 수 있게 한다'는 것이다. 우리는 더 많이 소유하면 일순간 행복할 수 있다. 하지만 그만큼 '내가 원하는 것에 집중할 시간'은 줄어든다. 소유는 결국 나의 시간과 돈, 그리고 에너지를 빼앗아 간다.

물건뿐만 아니라 사람도 마찬가지인 것 같다. 언젠가 대학로에서 '보잉보잉'이란 연극을 보았다. 바람둥이인 주인공이 3명의 스튜어디스를 만나면서 바람을 피우는 이야기이다. 3명의 애인을 동시에 만나면서 들키지 않으려고 온갖 간교를 부리는 과정에서 생겨나는 에피소드를 웃음으로 풀어낸 연극이다. 나는 '게으른 바람둥이는 없다'라는 우스갯소리를 종종 한다. 한 명을 사랑하며 관리하기도 어려운데 여러 명을 동시에 만나려면 얼마나 피곤하겠는가? 그러나 나는 바람둥이가 사회적으로 성공하기 어렵다고 주장한다. 오롯이 자신에게 에너지를 집중할 수 없기 때문이다.

정리, 어디부터 어떻게 시작할까?

정리하는 습관을 체득화하려면 상당한 시간이 필요하다. 정리는 어떻게 시작하는 게 좋을까? 일단 작은 것부터 시도할 것을 권한다. 정리는 책상(화장대 포함)부터 시작해서 옷장, 거실, 냉장고와 주방, 마지막으로 베란다(창고)의 순으로 하는 게 좋다. 우선 정리의 시작은 물건을 다 꺼내 놓는 것이다. 책상에서는 책과 필기류 등 서랍의 잡동사니들을 다 꺼내놓아야 한다. 그리고 다음과 같은 기준에 따라 분류한다. 첫째, 한 달 이내에 사용한 것과 사용하지 않은 것이다. 둘째, 사용하지 않은 것 중에서 앞으로 3개월 안에 사용할 수 있는 것과 아닌 것을 분류한다. 이런 기준에 따라 물건을 정리하게 보면 물건의 70~80%가 쓸모없음을 알게 된다. 옷장 정리도 마찬가지다. 옷장과 서랍에 있는 옷을 다 꺼내서 지난 시즌(봄, 여름, 가을, 겨울) 입지 않은 옷들을 골라내고, 그중에서 앞으로도 입지 않을 것들을 다시 골라내면 된다.

그런 다음 지난 한 달간 사용하지 않은 물건이나 지난 시즌 입지 않았던 옷을 과감하게 버린다. 수납공간의 절반은 공백으로 비워두어야 하고, 이것이 곧 정리의 핵심이다. 옷장을 열었을 때나 책상 서랍을 열었을 때 절반이 비어있게 하는 것이다. 바로 이런 절반의 여백은 물건을 찾기 위해 허비하는 시간을 줄여준다. 정리는 공간적 쾌적함뿐만 아니라 시간의 여유도 준다. 정리 후의 쾌적함과 여유는 휴가지의 근사한 호텔 방에 들어서는 순간

느끼는 것과 비슷하게 다가올 것이다. 절반을 비우자. 여러분이 행복을 만끽할 시간을 얼마든지 만들어낼 수 있다.

정리의 끝판은 창고 정리

안방과 거실, 주방과 냉장고에 이어 마지막으로 정리할 곳은 창고(베란다)다. 창고에는 아예 사용하지 않는 물건들이 수두룩하다. 연중 창고에서 꺼내 쓰는 물건이란 가습기, 선풍기, 제습기 같은 계절 가전이나 공구류가 전부이다. 내 경험으로 돌이켜볼 때, 오래된 책과 서류, 그리고 다이어리 등 잡동사니가 가득 쌓인 창고는 그저 추억보관소일 뿐이다. 나 역시 '언젠가는 필요하겠지'라고 생각하며 창고에 숱한 물건들을 넣어두었지만 10년이 지나도 여전히 쓸모없는 것들이 대부분이었다.

창고는 계절 가전과 앨범과 다이어리 같이 꼭 필요한 기록물, 캠핑 용품, 공구류 정도만 남겨놓고 전부 비우는 게 좋다. 창고 안에는 지도를 부착해서 어떤 물건을 어느 지점에 보관하고 있는지 적어둘 것을 권한다. 물건 리스트를 칸별로 나누어 부착해놓으면 필요한 물건을 쉽게 찾을 수 있지 않겠는가. 창고 역시 채우는 게 아니라 비우다 보면 예기치 않았던 생활의 여유를 즐길 수 있다. 창고가 비워지면 쉽게 버리지 못했던 물건들을 일단 창고로 옮겨놓았다가 6개월 단위로 사용 빈도와 필요에 따라 처분

하면 된다.

그래도 버려야 할 물건들은 되도록 창고로 옮기지 않고 생각 날 때 없애 버리자. 책상-옷장-잡화-거실-냉장고-주방-베란 다 순으로 버리는 습관을 키워가다 보면 재미 또한 쏠쏠하게 느 끼게 될 것이다. 매월 1차례 이상 '정리의 날'을 설정해 실천하는 것을 적극 권장하고 싶다. 자신의 물건은 본인이 얼마나 필요하 며 얼마나 자주 사용하는지 가장 잘 알기 때문에 그 누구도 대신 해 정리해줄 수 없다.

버릴 것-나눌 것- 내다 팔 것

물건을 분류해서 정리하는 방법을 3가지로 정리해서 전하고자 한다.

첫째, 사용 빈도
1. 한 달 이내에 사용한 것과 아닌 것으로 분류하기
2. 한 달 이내에 사용하지 않은 것 중 앞으로 3개월 이내에 사 용할 것과 사용하지 않을 것으로 분류하기

둘째, 필요도

1. 나에게 꼭 필요한 물건 중 중복된 물건 골라내기
2. 중복되어 골라낸 물건 중 한 달 이내에 사용하지 않은 것 분류하기

셋째, 사용 후 만족도

1. 구매한 물건 중 만족도가 낮은 물건 골라내기(안 입는 옷, 기능이 떨어지는 화장품 등)
2. 만족도가 낮은 물건 중 한 달 이내 사용하지 않은 것 분류하기

이밖에 각자의 사정에 맞게 분류를 시도하다 보면 자신만의 정리 비법을 찾아낼 수 있을 것이다. 일단 여기서는 위의 3가지 방법을 사용해 물건을 분류하는 방법을 이야기해보겠다. 분류한 물건은 다시 버릴 것, 나눌 것, 내다 팔 것으로 나눠보자. 팔기가 어려운 물건은 버리거나 이웃과 나누고, 팔 수 있는 물건은 중고 거래 사이트나 중고 마켓을 활용해 처리하면 된다.

이렇게 정리를 하다 보면 처음에는 물건 버리기에 주저하겠지만, 하나씩 하나씩 반복해 버리기 시작하면 과감해지는 자신을 발견하게 될 것이다. 특히, 자신이 가장 많이 소장하고 있는 물건부터 정리를 시작하는 것이 소유에 대한 집착을 덜어내는 최상의 방법이 된다. 예를 들어, 내가 가장 많이 가지고 있는 물건이 옷이라면 옷장부터, 화장품이라면 화장대부터, 그릇이라면 주방

부터, 책이라면 책장부터 정리하면 된다. 가장 많이 쌓아둔 물건의 숫자를 줄이다 보면 나머지 물건들은 보다 쉽게 정리할 수 있다. 결국, 정리는 버리는 연습이고 버린다는 것은 물건에 기울이는 정성과 집착을 덜어내는 것이다.

지역 장터와 당근마켓 200% 활용법

물건을 분류해놓고 나눌 것과 내다 팔 것을 어떻게 처리할지 이야기해보자. 지자체의 사이트에 들어가면 매월 또는 분기 단위로 중고 장터가 열린다. 미리 신청해서 당첨이 되면 판매대를 지정받을 수 있다. 제법 경쟁이 심하기 때문에 식구들을 총동원해 여러 명이 신청하면 당첨 확률을 높일 수 있다. 대표적인 중고

인천 송도의 굿마켓

당근마켓 어플리케이션 화면

장터 가운데 송도의 굿마켓처럼 규모가 꽤 큰 곳도 있다.

본인이 거주하는 지역 및 인근 지역의 중고 장터를 이용하면 토요일·일요일 나들이를 겸해서 물건을 판매할 수 있다. 무엇보다 매물을 장만하려면 미리 물건을 정리해야 하는 까닭에 주기적으로 정리하는 습관을 기르는 데는 그만이다.

지역 기반의 중고 장터를 온라인으로 이용하는 방법도 있다. 대표적으로 '당근마켓'이라는 사이트가 있는데, 활용도가 높은 사이트라 간단히 소개해보려고 한다. 당근마켓은 스마트폰 어플을 깔면 쉽게 이용할 수 있다. 당근마켓이 다른 장터보다 좋은 점은 동네를 거점으로 거래되기 때문에 주거지 근처에서 거래 상

미국의 창고세일(Garage sale) 마켓 풍경

대를 쉽게 만날 수 있다는 것이다. 이 사이트에서는 응답 속도와
시간 약속, 그리고 친절도 및 매너 등으로 판매자를 평가하기 때
문에 좋은 판매자를 찾아서 거래할 수 있는 장점도 있다.

보통의 중고 장터에서는 택배 비용 등을 포함해 최소 1만 원
이상의 거래가 이루어지지만, 이와 달리 당근마켓은 무료 나눔
용도로 물건을 나누거나 1천~5천 원 정도에 팔리는 물건도 상당
히 많다. 잘 활용하면 내가 가진 물건을 팔고 필요한 물건을 집
근처에서 저렴하게 구매할 수 있다. 실제로 내 부모님은 이사 갈
때 버려야 했던 소파와 식탁을 10만 원 정도에 당근마켓에서 판
매하셨다. 만약 중고 판매를 하지 못하고 버렸다면 주민 센터에
가서 폐기물 처리 비용 1만 원을 오히려 부담해야 했을 것이다.

이처럼 지역 장터를 잘 활용하면 필요 없는 물건을 다른 사람들과 나누고 판매하거나 공짜로 원하는 물건을 얻을 수 있다. 실제로 미국이나 유럽에서는 지역별로 정기 창고세일(Garage sale) 마켓이 열려 부모가 자녀들과 함께 물건을 파는 풍경을 흔히 볼 수 있다.

자녀의 경제 교육을 병행할 기회

자녀에게 어릴 적부터 자신의 물건을 정리하고 집안 청소 및 정리에 참여하게 하는 것은 정말 훌륭한 교육이다. 정리 정돈과 잘 버리는 습관을 몸에 배게 해서 잘 구매하는 습관까지 기를 수 있기 때문이다.

먼저, 자녀에게 물건을 정리하는 날을 정해줄 필요가 있다. 그리고 정리의 원칙과 기준을 정해서 제대로 이행하면 칭찬과 함께 반드시 피드백을 해 주어야 한다. 청소나 정리 업무는 엄마와 아빠가 당연히 도맡아 하는 것이라는 인식을 버리게 하고, 집안일에 자녀의 몫이 있음을 분명히 인식시키는 것 또한 중요하다. 부모가 방 정리를 해주기 시작하면 아이들이 스스로 정리하는 능력을 사장시키게 된다.

둘째, 물건을 정리할 때는 버리는 물건은 어떤 것인지 구체적으로 알려주는 게 좋다. 해당 물건을 구매한 날짜, 이유, 그리고 구매 후 사용 빈도 등을 점검해서, 과연 알뜰하게 이용했던 물건인지 아니면 사용하지 않고 버려두었던 물건인지 자녀 스스로 깨닫게 하는 것이다.

셋째, 중고 장터를 이용할 때 자녀에게 판매자 역할을 맡겨보자. 인터넷에서 판매할 물건을 찍어서 사이트에 올리고 물건에 관해 설명하게 하고, 적절한 가격을 협의해서 거래하는 방법을 가르친다면 이보다 더 좋은 경제 교육은 없다고 생각한다. 다만 처음에는 중고 거래가 익숙하지 않으니, 부모님이 함께한다면 아이들은 금방 배우고 성장할 것이다. 중고생 자녀에게는 당근마켓에 물건을 올리고 판매하면 판매금의 10~20%를 특별 용돈으로 주자.

어릴 적부터 중고 장터에서 물건도 팔아보고 거래도 해보고 가격 흥정도 해본 자녀는 자연스럽게 경제를 배우게 된다. 물건을 어떻게 진열하고 어떤 기준으로 가격을 정해야 하는지, 또 어떻게 홍보해야 하는지, 그리고 판매할 때는 어떻게 설득해야 하는지 등 거래의 이모저모뿐만 아니라 숫자의 개념도 빨리 익히게 된다. 실제로 이런 실물거래의 경험 유무가 훗날 아이들의 경제 감각에서 큰 차이를 드러낸다는 연구결과도 있다.

냉장고 지도 그리기

포스트잇을 활용한 냉장고 지도 그리기

냉장고 지도 그리기 혹은 냉장고 파먹기를 들어본 분들이 있을 것이다. 냉장고 내부의 식재료를 일목요연하게 정리할 뿐 아니라 식재료비를 획기적으로 줄일 수 있어 이미 검증된 '냉장고 정리법'이다.

방법은 다음과 같다. 냉장고 앞에 미니칠판 혹은 A4나 B4용지를 냉장고 모양으로 칸을 나누어 붙인다. 그런 다음 냉장실 및 냉동실 칸에서 식재료를 모두 꺼내서 포스트잇에 식재료 이름을 적어놓는다. 이때 정리가 어려운 것은 냉동실인데 냉동실의 식재료는 검은 비닐에 쌓여 어떤 재료인지 식별하기 어려운 경우가 많고, 심지어는 녹여봐야 무엇인지 아는 경우도 있다. 이렇게 하다 보면 유효기간이 지나 먹어서는 안 되는 식재료들이 나타나 당장 먹을 수 있는 것과 없는 것이 구분된다.

식재료 이름을 적는 포스트잇은 인덱스용의 작은 것이 좋다. 포스트잇을 활용할 때는 다음과 같이 유통기한에 따라 식재료를 표기한다. 일주일 내 먹어야 할 것(빨간색), 2주 이내 먹어야 할 것(노란색), 2주 이상 보관이 가능한 것(파란색) 등. 이렇게 색깔을 활용해서 유통기한을 표기하면 냉장고를 굳이 열지 않아도 냉장고 속 식재료를 쉽게 파악할 수 있고 장을 보기 전에나 식사를 준비하기 전에 어떤 식재료로 어떤 음식을 만들지 결정할 수 있다. 식재료비를 절약해가며 냉장고를 절반 이상 비우는 정리의 미학도 한껏 살릴 수 있고 냉장고의 전기 효율도 좋아진다.

쇼핑 중독 벗어나는 꿀팁

우리는 쇼핑의 유혹 속에서 살고 있다. TV채널을 돌릴 때마다 나타나는 홈쇼핑 방송, 스마트폰의 앱을 통해 시시각각 전해지는 특별 할인 가격, 주말이면 어김없는 마트나 백화점의 세일 행진 소식은 우리의 지름 욕구를 자극한다. 참아야 한다. 하지만 스트레스를 해소한다는 명분 아래 하나둘씩 사들이다 보면 어느새

방 안은 처치 곤란한 물건들로 가득 쌓이게 된다. 물론 흥청망청 돈을 쓰다 보니 한푼 두푼 모아 부를 쌓고자 했던 재테크의 꿈도 물거품이 되기 쉽다. 그렇다면 이런 쇼핑의 유혹에서 어떻게 벗어날 수 있을까?

내가 보기에는, 누구나 일단 눈에 들어오면 구매 충동이 발동해 마치 중독된 환자처럼 자신도 모르게 손이 가는 물품이 있다. 낚시를 좋아하는 사람은 낚시 장비, 옷을 좋아하는 사람은 계절마다 나오는 신상의 옷이나 신발이 그러하다. 나는 책 욕심이 있어서 심할 경우 한 달에 무려 10권이 넘는 책을 사기도 한다. 그런데 마음먹고 정리해 보니 그중에 절반은 읽지 않거나 한두 장만 보고 방치한 책이 엄청 많다는 사실을 알게 되었다. 그렇다. 나는 스트레스를 책을 사들이면서 풀고 있었던 것이다. 자, 이런 쇼핑 중독에서 벗어날 방법을 몇 가지 소개하고자 한다.

첫째, 직전 3개월간 쇼핑 리스트를 점검한다. 항목별로 정리해서 어떤 물건에 얼마를 소비했는지 점검한다(화장품, 옷, 신발, 장신구, 스포츠 용품, 생필품 등등 카테고리를 만들어보자).

둘째, 자신이 자주 구매하는 목록이 나오면 구매한 물품의 활동도에 따라 분류한다. 분류기준은 사용 빈도와 계속 사용 여부이다. 한 주·한 달에 몇 번 정도 사용하는지, 그리고 현재 사용하고 있는지를 체크한다.

예시: 나이키 에어 운동화 주 1회(사용 중), 손목시계 월 1회(사용 안 함), 러닝머신 월 0회(사용 안 함)

한 달 전 구매 리스트 작성법

한 달 전 구매 리스트				
날짜	품목	예상가격	구매사유	구매여부
10월 18일	갤럭시노트10	1,300,000	핸드폰 기기변경(현재 18개월 사용)	
10월 19일	그램노트북	1,650,000	기존 노트북 성능저하	
10월 21일	가습기	100,000	기존 가습기 교체	O
10월 22일	스타벅스 텀블러	45,000	북미한정판	
10월 25일	울스웨터	270,000	맘에 들어서...그냥 사고 싶다	
11월 01일	삼성TV65인치	2,500,000	기존 PDP TV 고장	
11월 03일	아들 패딩		기존 것 작아짐	O
11월 04일	프라이팬	50,000	코팅 벗겨짐	O
11월 05일	MTB자전거	750,000	운동시작?	O
11월 05일	구스이블	250,000	겨울준비	
11월 06일	향수	75,000	신상품	
11월 08일	차량용 거치대	30,000	핸드폰 거치용(자동)	O

   셋째, 이렇게 분류된 물건들 중 사용 빈도와 계속 사용할 가능성이 떨어지는 물건은 과감하게 정리한다. 이 중 팔 수 있는 물건은 당근마켓 같은 지역 기반의 중고거래 장터나 곳곳의 벼룩시장을 통해 분기별로 물건을 정리할 수 있는 사이트를 찾아 처분한다.

   넷째, 구매 통로를 차단하는 노력을 통해 쇼핑 욕구를 줄인다. 쇼핑 앱의 경우 알림 금지로 설정하고, TV는 선호 채널 등록을 통해서 TV 시청 중간 중간에 홈쇼핑에 노출되지 않도록 한다. 쇼핑 관련 어플은 한두 개를 제외하고 삭제한다.

   다섯째, 장을 보기 한 달 전 구매 리스트를 작성하는 습관을 갖춘다. 충동구매를 막기 위한 방편이다. 물건을 사기 한 달 전에 필요한 것의 리스트를 적어 한 달 후에 구매하는 것이다. 더 쉬운 방법으로는 쇼핑 앱이나 사이트에서 일단 필요한 물건을 장바구니에 담아두었다가 최소 2주가 지난 다음에 구매하는 것이다. 이렇게 구매를 미루는 습관을 들이면 물건의 구매 횟수가 절반 이하로 줄어드는 놀라운 경험을 하게 될 것이다.

이런 노력에도 불구하고 쇼핑 중독을 떨치지 못하는 분들은 정신적인 의료 상담을 받아볼 필요가 있다. 무언가 채워지지 않는 욕구에 대한 불만이 쇼핑으로 발현되곤 하기 때문이다 사람에게는 누구나 5가지 욕구가 있다고 한다. 생리적 욕구(식욕, 성욕, 수면욕 등), 안전욕구, 소속감과 사랑의 욕구, 인정의 욕구, 자기실현의 욕구 등. 어딘가에 욕구 결핍이 생기면 이는 중독과 같은 병세로 나타나기 쉽다. 중독은 관리하지 않으면 삶을 해칠 가능성이 크다. 여러분 가운데 쇼핑중독이 의심되는 분이 있다면 반드시 치유하고 넘어가야 한다.

효과적인 소비지출 위한 스마트 가계부

우리는 오진으로 인한 의료사고 뉴스를 일상적으로 접하며 살고 있다. 의사가 오진하면 환자의 생명이 위태로워진다. 경제생활도 마찬가지다. 자신의 소득이나 씀씀이를 제대로 파악하지 못하고 살림을 꾸려나가면 가정이 항상 불안하고 흔들릴 수밖에 없다. 자신의 재무상황을 개선해서 머라밸을 추구해나가려면 무엇보다 자신에 대한 진단이 필요하다. 자, 씀씀이가 도저히 통제가 안 되는 사람이라면 먼저 자신의 소비 패턴을 성찰해서 정확하게 진단하는 것이 중요하다. 소비 패턴을 점검해서 효율적인 지출을 하는 데 필요한 최선의 도구는 가계부이다.

그런데 대다수 사람들은 가계부 적기를 힘들어한다. 사실 가계부를 매일 적는다는 게 쉬운 일은 아니다. 하지만 그날의 소비를 기록하지 못하고 놓쳐버리면 소비 패턴의 실상을 파악하기 어렵게 되고, 결국 무분별하게 소비를 하고 있어도 통제가 불가능하다. 그렇다면 어떤 방도를 써야 할까?

무엇보다 스마트 가계부를 활용하는 게 가장 쉽다. 내가 추천하는 어플은 '네이버 가계부' 또는 '똑똑 가계부'이다. 이 어플들은 SMS 카드 사용 내역을 자동으로 읽어서 어플에 그날의 지출 상황을 기록한다. 단, 현금 지출의 경우는 반드시 본인이 기록해야 한다.

가계부 작성의 첫 번째 단계는 그날의 지출을 정확하게 누락 없이 기록하는 것이다. 매일 기록하는 게 어렵다면 어플리케이션의 도움을 받아 주간 단위로 정리를 해도 된다. 어플에 기록된 가계부의 지출 내역은 카테고리로 나눠 주간·월간 단위로 파악해 분석해야 한다. 어플리케이션은 어디까지나 보조수단일 뿐이다. 소비 내역을 최종적으로 정리하고 분석해 잘못된 지출을 찾

네이버 가계부 어플리케이션

아내고 바로 잡는 것은 본인의 몫이다. 주간·월간 단위로 자신의 씀씀이에서 어느 부분이 과도해서 가계 생활에 영향을 주고 있는지 알게 되면 보다 쉽게 개선책을 찾아내리라 본다.

　네이버 가계부 어플의 경우 사용항목별 분류가 잘 정리되어 있다. 식비/주거·통신/생활용품/의복·미용/건강·문화/교육·육아/교통·차량/경조사·모임회비/세금·이자/용돈/기타/카드대금/저축·보험/이체·대체 등 카테고리 별로 상세한 지출 항목들이 나열되어 있어 주간 및 월간 단위로 소비지출 상황을 분석할 때 큰 도움이 된다. 또한 어플리케이션과 웹(https://moneybook.naver.com)

네이버 가계부 웹

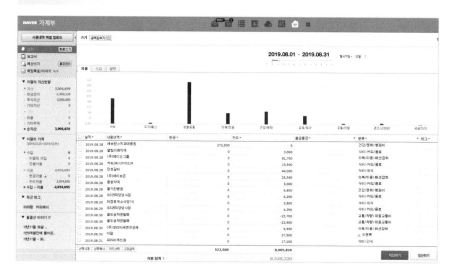

이 연동되어 있어 가계부를 기록하고 분석하기가 상당히 용이하
다. 특히 엑셀로 다운받아 작성할 수 있어서 엑셀을 사용하는 직
장인들은 더욱 편리하게 사용할 수 있다.

　만약, 나의 월간 지출 분석에서 외식이 차지하는 비율이 늘었
다면 이를 줄일 수 있는 방법을 강구해야 한다. 특히 신용카드를
주로 쓰는 소비자의 경우 이런 지출 통제가 더욱 어려울 수밖에
없다. 주간·월간 단위의 지출을 효율적으로 통제하는 데는 체크
카드가 훨씬 도움이 된다. 가계부를 작성하고 체크카드를 쓰고
있는 독자라면 십중팔구 자신의 씀씀이를 통제하며 아주 효율적
인 경제생활을 하고 있다고 봐도 무방하다.

관계의 정리도
필요할까?

언젠가 광화문 교보문고 빌딩에 '지금 당신이 만나는 사람, 그리고 읽고 있는 책이 당신을 말해준다'라는 글귀가 걸려있었다. 당시 머릿속에 강렬하게 다가왔던 것 같다. 우리는 가정, 직장, 학교, 각종 동호회, 지역 사회 등에서 숱한 사람들과 관계를 맺으며 살고 있다. 내가 만나는 사람들 중에 요즘 들어 살기가 더욱 힘들어졌다고 말하는 이들이 상당수 있는데, 그 어려움의 원인을 관계·돈·건강 등으로 꼽았다. 그런데 이 세 가지 가운데 관계의 문제를 호소하는 사람들이 유독 많다. 나는 만약 지금 자주 만나는 사람으로 인해 자신의 생활이 피해를 입고 있다면 단호하게 정리하라고 권하고 싶다. 좋은 관계 속에서 어울리다 보면 누구나 예상을 뛰어넘는 에너지와 시너지 효과를 기대할 수 있다. 하지만 나쁜 관계가 반복되는 사이라면 언젠가는 서로 상처를 입을 수밖에 없다.

관계 정리를 위한 셀프체크 리스트

자, 다음의 표를 보며 자신이 상대방과의 관계에서 무엇을 얻고 무엇을 잃고 있는지 일단 객관적으로 점검해보자. 다섯 가지 영역에 걸쳐 자신에게 플러스가 되는 관계인지, 마이너스가 되는 관계인지를 대략 가늠해볼 수 있다. 다섯 영역은 정서적 안정, 용기와 격려, 사랑과 배려, 재미와 기쁨, 물질적 도움이다. 사람의 관계를 이 다섯 가지로 단정하기는 어렵겠지만 지금 가장 자주 만나는 사람과의 관계를 영역별로 점검한 결과 마이너스가 많다면 그 관계는 정리할 필요가 있다.

구분	아주 적음	적음	보통	많음	아주 많음
정서적 안정	−2	−1	0	1	2
용기와 격려	−2	−1	0	1	2
사랑과 배려	−2	−1	0	1	2
재미와 기쁨	−2	−1	0	1	2
물질적 도움	−2	−1	0	1	2

실제로 김 모 씨는 친구 이 모 씨에게 이 표를 적용해보니 다음과 같은 결과가 나왔다.

정서적 안정 0, 용기와 격려 0, 사랑과 배려 −2, 재미와 기쁨 2, 물질적 도움 −2

김 모 씨의 친구 이 모 씨는 자기중심적이라서 배려가 부족하고 늘 김 모 씨에게 금전적인 부담을 안기고 있다. 그동안 몇 백만 원씩 빌려가서 갚기를 반복한 것만 수차례다. 물론 만나면 서로 죽이 잘 맞아 재미있는 친구이다. 그런데 만나면 만날수록 왠지 모르게 에너지가 빠져나가는 느낌을 받는다. 김 씨는 결국 이 씨와의 관계를 청산했다.

물론 가족과의 관계는 조심해야 한다. 가족과의 관계가 항상 마이너스라도 가족이라서 칼 같이 잘라낼 수는 없는 노릇이다. 직장 동료라면 적당한 거리 두기는 할 수 있다. 그리고 친구나 연인의 관계라면 언제든지 정리가 가능하다. 특히, 돈과 관련되어 지속적으로 부담을 주는 관계는 경제생활을 사실상 방해하는 결과를 빚게 된다. 만일, 만나고 있는 연인이 사랑의 기쁨을 만끽시켜주지만 물질적으로 의존하려든다면 정리를 한번쯤 고민할 필요가 있다. 친구 사이도 마찬가지다. 자신에게 용기와 격려를 주기보다는 늘 비난과 좌절감을 전하는 부정적인 사람이라면 결코 도움이 되지 않는다. 인생을 풍요롭고 진지하게 끌고 가는 관계가 많을수록 행복해지는 것은 누구에게나 자명한 일이다. 자신 역시 다른 사람들에게 플러스가 되는 존재인지 늘 객관적으로 점검해보아야 한다. 어떤 관계든 열심히 노력해도 나아지고 있다는 느낌이 들지 않는다면, 혹시 밑 빠진 독에 물 붓기를 하고 있는 것은 아닌지 꼭 짚고 넘어가야 한다.

기억할래?
기록할래?

망각은 인간 뇌의 중요한 기능 중 하나. 만약 사람의 뇌가 새로운 기억이 들어오는 족족 모든 것을 쌓아놓는다면 아마 부하가 생겨 삶 자체가 상상할 수 없을 만큼 피곤해질 것이다. 망각이 우리의 정신 건강에 도움이 되는 것은 사실이다. 하지만 때로는 객관적으로 냉철하게 우리를 돌아보는 것을 방해하기도 한다. 불과 일주일 전, 당신은 하루를 어떻게 보냈는지 기억해보기를 바란다. 오늘이 월요일이라면 지난주 월요일에 무엇을 했는지 누구와 점심을 먹었는지 어떤 사람들을 만났는지 말이다. 그런데 대부분 기억을 잘하지 못한다. 그나마 기억을 따라갈 수 있는 유일한 끈이 신용카드 결제 내역으로 그날의 기억을 어느 정도 더듬는 것이다.

기억이 불확실한데 거기에 매달리게 되면 과거의 자신을 냉철하게 돌이켜보는 데 문제가 생긴다. 예를 들어, 어느 보험사의 영업 사원이 한 달을 열심히 일했는데 생각한 만큼 성과가 나질 않았다고 해보자. 이 영업 사원은 수시로 회의감에 빠져든다.

'영업은 내 적성에 안 맞는 것 같아'

'매니저가 좀 무능력한 것 같아'

'우리 회사 상품의 경쟁력에 확실히 문제가 있어.'

영업 사원은 자신의 문제를 자꾸 다른 곳으로 돌린다. 그렇다.

희미한 기억에만 의존해 상황을 판단할 경우 이처럼 자기합리화를 하기가 쉽다. 그런데 이 영업 사원이 열심히 한 달간의 활동을 기록했다고 가정해보자. 그는 자신이 매주 만난 고객이 평균 4명 정도 되고, 신상품 홍보 활동은 거의 하지 못했으며 기존 고객을 통한 소개 계약 또한 한 건도 받지 못했다는 것을 알게 된다. 그런 식으로 한 달간 자신의 활동을 기록해놓으면, 자신의 부진이 어떠한 연유에 의한 것인지 객관적으로 바라볼 수 있다. 기록은 정말 중요하다. 기록은 누구든 자신의 현주소를 정확하게 파악해 문제가 있으면 바로 잡게 해줄 수 있는 도구이다.

'기억은 자주 왜곡되지만, 기록은 진실한 나를 마주하게 한다.'

꼬박꼬박 기록하는 사람들의 경우 자신의 삶을 객관화해서 평가할 수 있으며, 그런 기록이 쌓이면 시행착오를 최소화하며 머라밸의 행복에 보다 빨리 다가갈 수 있다. 지금과 전혀 다른 삶을 살고 싶다면 첫 번째로 필요한 것이 정리이고, 두 번째는 기록이라고 강조하고 싶다.

아주 쉬운 4등분 다이어리 활용법

4등분 다이어리는 내가 고안한 기록법이다. 아주 쉽고 간편하며 기존에 쓰던 다이어리에 그대로 사용하면 된다. 다이어리의 한 면을 4등분해서 적는 것으로 끝난다. 페이지를 반을 접어서

4등분 다이어리 작성법

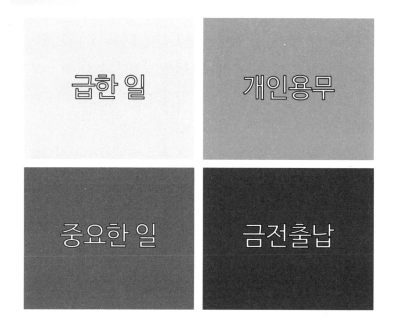

급한 일	개인용무
중요한 일	금전출납

활용해도 되고 선을 그어서 4등분을 해도 된다. 4등분으로 나눈 다이어리의 왼쪽 상단에는 '급한 일'을 적는다. 그날 바로 처리해야 할 업무나 일들이다. 만약 당신이 보험회사에서 일하는 플래너라면 고객의 자동차 만기, 보상 처리, 계약 체결 여부 등을 적어놓았을 것이다. 왼쪽 하단에는 '중요한 일'을 적는다. 중요한 일은 당장 안 해도 큰 문제가 생기지는 않지만 미루면 향후 문제가 생기는 일들이다.

보험회사 플래너의 경우를 예로 들면, 잠재 고객 10명 소개받기, 신상품 정보를 20명의 고객에게 메시지로 보내고 전화하기, 상가 20개를 개척해 영업하기 등이 될 수 있다. 이렇게 '급한 일'과 '중요한 일'의 기록을 끝내면 선을 그어 완료라고 표시하면 된다. 이제 오른쪽 상단에 '개인 용무'를 적는다. 퇴근 시 장보기, 아이 교복 구매하기, 공과금 납부 등이 그런 일들이다. 오른쪽 하단에는 '금전 출납'을 적는다. 모닝커피 3,500원, 점심 식사(설렁탕) 8,000원 등의 식이다. 이때 같이 커피를 마시거나 식사를 한 사람 및 구매한 물건 등을 구체적으로 적는 게 좋다. 이런 식으로 매일 일어나는 일과 돈의 지출을 기록해가는 것이 4등분 다이어리의 핵심이다.

기록을 이어가다 보면 공통점을 한 가지 발견할 수 있다. 여태껏 '중요한 일'을 미루고 있었다는 사실이다. 월요일에 기록한 중요한 일을 하지 못했다면 화요일에 반드시 그 내용을 다시 적어야 한다. 화요일에도 완료하지 못했다면 수요일에 또 적어야 한다. 이렇게 기록을 이어가다 보면 자신이 중요한 일을 미루고 있음을 깨닫게 된다. 이때부터 변화가 시작되는데, 바로 중요한 일을 미루는 습관을 조금씩 버리게 되는 것이다.

4등분 다이어리의 가장 큰 장점 중 하나는 5분이면 충분하게 한 달간 자신의 생활을 돌이켜 볼 수 있다는 것이다. 다이어리를 한 달만 작성해도 그날 어떤 일을 했고 무엇을 하지 못했는지 누구와 밥을 먹고 얼마를 지출했는지 전부 다 기억해 낼 수 있다. 아주 쉽게 지난 한 주, 지난 한 달간 삶의 흔적을 돌이켜 볼 수 있고, 자신이 변화한 이유와 변화하지 못한 이유를 점검해 다음 달의 삶에 반영할 수 있게 된다. 지금부터 3개월 동안 4등분 다이어리를 적어보자. 놀라운 변화가 시작될 것이다.

기록하면 다이어트도 쉽다!

수많은 사람들이 다이어트를 시도하지만 목표를 달성하기도 유지하기도 쉽지는 않다. 나는 다이어트에 필요한 식이요법이나 운동법을 잘 모른다. 그러나 기록의 힘은 너무 잘 알고 있다. 만약 다이어트를 하는 분이 있다면 6등분 다이어리를 사용하기를 강력하게 추천한다. 다이어리를 6등분 하여 오른쪽 맨 하단에 금일 운동량을 기록한다. 예를 들어 '걷기 5km(불광천, 오후 7시~8시)' 이렇게 적으면 된다. 그리고 왼쪽 맨 하단에는 그날 먹은 음식들을 꼼꼼하게 적는다. 음식을 먹다가 적기가 어렵다면 식사 전에 사진을 찍어두었다가 하루를 정리할 때 다이어리에 옮겨 적는다. 예를 들어, 식사 전 사진을 찍어두었다가 '짜장면 1그릇(800칼로리)' 이렇게 적으면 된다. 칼로리 계산기는 어플에서 쉽게 다운받을 수 있어 스마트폰을 활용하면 좋다. 운동량을 계산할 때도 어플리케이션을 다운받으면 그날 얼마나 걷고 뛰었는지 쉽게 알 수 있고 소비한 칼로리까지 볼 수 있다. 즉, 그날 소비한 칼로리와 섭취한 칼로리를 접하며 자신의 살이 어떻게 찌고 빠지는지

용도별 다이어트 어플리케이션

구분	활용 가능한 어플리케이션
섭취량	fatsecret의 칼로리 카운터
운동량	삼성헬스, LG헬스
몸무게	체중꼼짝마

(왼쪽부터) 칼로리카운터, LG헬스, 체중꼼짝마

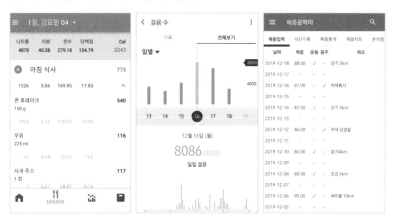

생생하게 관찰할 수 있다.

　매일 아침에 일어나자마자 몸무게를 측정해 기록하는 습관은 매우 중요하다. 매일 다이어리에 오늘의 몸무게, 운동량, 섭취량을 기록하는 것이다. 이렇게 기록을 하다 보면 본인이 왜 다이어트에 실패하는지를 제대로 파악하게 된다. 적어도 '나는 물만 마셔도 살이 찐다'라는 변명은 할 수 없게 된다는 것이다. 실제로 다이어트에 실패한 주변 지인들이 꾸준한 기록을 통해 감량에 성공하는 경우를 숱하게 목격한 바 있다.

어플리케이션을 이용한 간편 기록법

스마트폰에 익숙한 세대들은 아무래도 다이어리보다 스마트폰을 활용하는 것에 더 익숙하다. 그래서 4등분 다이어리를 스마트폰으로 작성하기 위한 몇 가지 방법을 알려주고자 한다. 먼저 4등분 다이어리 중 가장 쓰기가 번거로운 항목은 아무래도 '금전 출납'이다. 그래서 금전 출납 항목은 지출이 발생할 때마다 다이어리에 적어놓는 게 아니라 매일 일과를 마감할 때 정리한다. 이때 유용한 어플리케이션이 네이버 가계부 또는 똑똑 가계부이다. 하루의 카드 사용 내역이 SMS로 전달되어 자동으로 그날 지출에 기록된다. 스마트폰을 활용한 메모장으로는 '에버노트', '네이버 메모', '메모 G', '똑똑 노트' 등이 있다. 이중 내가 애용하는 어플은 메모 G이다.

텍스트나 사진, 그리고 할 일 등을 어플의 메모장에 쉽게 기록할 수 있고, 핸드폰 바탕화면에 위젯으로 꺼내어 언제든지 열람이 가능하다. 비밀스러운 일들은 비밀 메모에 생각나는 대로 빠르게 적어놓을 수 있다. 특히 알림창의 퀵 메모 기능은 아주 유용하다. 스마트폰에 익숙한 세대는 어플을 이용해 그날의 기록을 빠짐없이 적고, 다이어리가 익숙한 세대는 매일매일 다이어리에 4등분을 해서 그날의 일들을 기록하면 된다. 다만 스마트폰 어플을 사용하는 유저들도 다이어리를 함께 사용할 것을 권장한다.

지면에 기록한 다이어리의 가장 큰 장점은 지난 기록을 더 빠

메모G 어플리케이션

르게 떠올릴 수 있다는 것이다. 어떤 방법을 선호하든 가장 중요한 것은 꾸준한 기록이다. 기록할 것이 없는 날도 어떻게 뭘 하면서 쉬었는지 기록해서 향후 삶에 도움이 될 좋은 자료로 삼을 수있다. 한 달을 살면서 기록을 빠트린 날이 생긴다면 자신의 삶이흐트러지고 있음을 직감하며 자세를 바로 세워나가야 한다.

기록을 이어가는 습관 만들기

기록에서 가장 중요한 것은 꾸준함이다. 그래서 하루 중 두 차례의 기록 시간을 만들어 실천하도록 권한다. 첫 번째 시간은 아침이다. 일과를 시작하기 바로 전이 좋다. 이 시간에 그날 '급한 일', '중요한 일', '개인 용무'를 먼저 적는다. 그리고 천천히 오늘 무엇을 해야 하는지 생각하고 그날의 해야 할 일들을 기록하면 된다. 다시 말해, 하루의 계획을 세우는 것이다. 두 번째 시간은 하루를 마감하기 전이다. 다이어리에다 '급한 일', '중요한 일', '개인 용무'의 실행 여부를 점검해 적고, 어플리케이션에 기록되어 있는 '금전 출납'을 옮겨서 적는다. 그런 다음 기록 내용을 살펴보며 그날의 생활을 간단하게 평가하고 느낀 점을 적어놓으면 하루의 기록이 다 완성된다. 실제로 아침과 저녁 두 차례의 기록에 걸리는 시간은 얼마일까? 내 경험으로는 합쳐서 10분 정도 내외이다.

얼마 안 되는 시간을 투입해 상상할 수 없을 만큼의 변화를 가져오는 게 기록의 힘이다. 앞서 정리가 우리의 일상에서 거추장스러운 물건들을 버리는 것이라면, 기록은 매일매일 생각의 정리를 통해 자신을 정확하게 이해하는 과정이라고 할 수 있다. 다이어리를 열심히 적어본 적이 있거나 현재 열심히 적고 있다면 적기 이전과 이후의 차이를 실감할 수 있을 것이다. 기록은 변화를 이끈다. 기록의 관건은 꾸준함이다. 일과를 시작하기 전 5분, 일과를 끝내고 5분, 하루 10분의 투자로 당신의 인생이 날로 새로워진다는 사실을 명심하자.

3장

푼돈을 목돈으로…
머라밸의 지혜
Money Life Balance

많은 사람들이 남 만큼 소득을 올리면서도 목돈을 만들지 못해 답답함을 호소하는 이유는 무엇일까? 나는 여러 독자들과 상담을 하면서 수입이 적어서라기보다는 지출을 제대로 통제하지 못하기 때문이라는 결론을 내렸다.

저축이 어려운 진짜 이유

당신이 당장 저축할 엄두를 내지 못하고 있다면 아래의 사항을 점검하며 작은 팁들을 하나씩 실천해보기를 권한다.

문제 상황	실천 방안
신용카드의 무분별한 사용	체크카드로 전환
월별 수입의 불안정	예비자금 통장 활용한 일정 수입 유지
고정비용(월세, 렌트, 할부금)의 과다	소비 규모의 다운사이징(미니멀리즘)
과도한 부채 상환	효율적인 부채 상환(전문가 상담)
보험 등 금융 상품 가입 과다	전문가 상담 통한 리모델링
빈번한 적금 중도 해지	적금 풍차 돌리기

첫째, 저축을 못 하는 이유가 신용카드의 사용에 있다면 당장 체크카드로 바꿀 필요가 있다. 체크카드는 통장 잔액만큼만 결제할 수 있어 일정한 예산의 범위에서만 소비가 가능하다. 신용카드를 쓰다가 체크카드로 바꾸려면 최소 3개월의 체질개선 기간이 필요하다. 신용카드는 후 결제를 하며 체크카드는 선 결제를 하는 까닭이다. 체크카드를 사용하면 주어진 예산에 따른 규모의 지출이 가능할 뿐 아니라 실시간으로 잔액을 확인할 수 있어 지출 규모를 효과적으로 줄일 수도 있다. 게다가 연말정산을 할 때 소득공제율이 신용카드(15%)의 두 배(30%)나 높아 세제 혜택도 기대할 수 있다.

둘째, 월별 수입이 일정치 않아 저축이 어렵다면 예비자금 통장을 먼저 만들 것을 권장한다. 예비자금 통장은 저수지 통장이라고 부르기도 한다. 이 저수지 통장을 월 급여의 3배 정도 수준으로 유지해나가는 것이다. 즉, 월급이 300만 원이라고 하면 저수지 통장에는 900만 원의 잔액을 항상 쌓아놓는다. 여행비, 경조사비, 병원비 등 비정기적인 지출뿐 아니라 예·적금, 그리고 펀드 투자까지 모두 저수지 통장을 중심으로 그 규모를 조정한다. 매월 100만 원을 저축하던 사람이 급작스러운 지출이 생겨 100만 원이 필요하면 저수지 통장을 활용한다. 일단 저수지 통장에서 100만 원을 빼서 사용하고 줄어든 저수지 잔액 100만 원은 기존의 소비 항목을 좀 줄이거나 추가 수입이 생길 때 메우면 된다. 저수지 통장의 자세한 활용 방법은 뒤에서 다시 한 번 설명하겠다.

셋째, 고정비용(월세, 렌트비, 할부금)이 많아 저축이 어렵다면 소비 규모 자체를 줄이는 다운사이징이 필수이다. 최근 유행하는 미니멀리즘이 좋은 사례다. 지출의 규모를 조금씩 줄여보는 것이다. 집의 크기나, 차의 크기, 자리만 차지하는 렌탈 상품(정수기, 공기청정기) 등을 줄이면 여유 자금을 확보할 길이 열린다. 결국 고정비를 줄여 일부를 저축으로 돌리는 셈이다. 고정비를 줄이려면 관련된 물건들의 활용 빈도와 활용 만족도를 면밀하게 점검해서 대안의 소비 방안을 찾으면 된다. 예를 들어, 1~2인 가구는 정수기 렌탈비를 무는 것보다 마트에서 2리터 생수를 정기 구매하는 편이 훨씬 싸다. 대중교통을 주로 이용하는 미혼 남녀의 경우는 차를 구매하기보다는 필요할 때마다 쏘카나 그린카 같은 차량공유 서비스를 이용하는 게 경제적이다.

맞벌이 부부의 함정

'수입은 두 배인데 돈은 두 배로 모이지가 않네요.'

'오히려 맞벌이를 그만두고 나서 씀씀이가 커져 계속 적자입니다.'

'맞벌이를 해도 서로 각자 재정 관리를 하다 보니 자산을 모으기가 어렵습니다.'

내가 맞벌이 부부들을 상담할 때마다 쉽게 접하는 공통된 고민들이다. 이들은 돈을 더 버는데 돈이 모이지 않는 이른바 '맞벌이 부부의 함정'에 빠져 있다. 맞벌이 부부가 오히려 재무적으로 더 어려움을 겪게 되는 큰 이유는 누군가 하나가 책임을 지고 자산을 관리하지 못하기 때문이다. 맞벌이 부부의 특징을 몇 가지 정리하면 다음과 같다.

첫째, 많이 버는 만큼 많이 쓴다. 여기에는 주변의 기대도 한몫한다. '너희들이 더 버니까 더 써도 된다'라는 식의 남들 이야기를 당연하게 받아들이는 것이다.

둘째, 많이 쓰다보면 낭비의 수준에 이르게 된다. 둘이 일하다보니 외식비를 많이 쓰게 되고 체계적이고 규모있는 살림살이가 어려워진다. 결국 살림이 주먹구구식이라서 필요한 것만 아니라 불필요한 것까지 구매하며 흥청망청 소비하게 된다.

셋째, 항상 배우자의 지출에 불만을 품게 된다. 이런 현상은 각자 재정 관리를 하는 부부에게 더 도드라진다. '당신도 쓰는데 나도 이 정도는 써야지'라는 생각에 충동적인 지출을 하는 경우가 비일비재하다.

넷째, 틈만 나면 비자금을 만들려고 한다. 누구든 회사 생활을 하다보면 종종 목격하게 된다. 실례로 경영성과급이 나오면 급여통장 내용을 조작해 배우자 몰래 성과급을 독식(?)하는 경우를 가끔 보았다. 물론, 요즘처럼 투명해진 시대에는 쉽지 않지만 말이다.

다섯째, 맞벌이인데 생각만큼 돈이 모이지 않는다. 그래서 일을 하면서도 허무감을 느끼게 된다.

여섯째, 맞벌이하다가 한쪽이 그만두면 걷잡을 수없이 재정이 악화된다. 이미 커져버린 씀씀이를 하루아침에 줄일 수 없기 때문이다.

어떻게 해야 이런 맞벌이의 함정에서 벗어날 수 있을까? 일단, 부부가 신혼시절부터 함께 자산 관리를 하면서 규모의 가정생활을 해야 한다. 물론 부부가 공동으로 자산 관리를 시작하기 전에 반드시 서로의 재무 현황을 공개해야 한다. 이른바 '부부 통장 트기'가 필수라는 말이다. 부부가 통장 트기로 서로의 자산 현황을 공유했다면 반드시 주기적으로 관리 회의를 해야 한다. 현재의 수입과 지출이 얼마이고, 자산과 부채가 얼마인지를 정확하게 공유하며 중간 점검을 해야 한다는 말이다. 만일 예상치 못하게 돈이 새고 있음을 알게 된다면 응급조치를 강구해 대처해야 한다.

부부가 백년을 해로하며 살려면 미래와 노후를 의식해 재무 목표를 설정하는 것은 아주 중요하다. 만일 부부의 합계 수입이 월 600만 원이고 지출은 400만 원이라면 어디서 지출을 줄여 저축을 늘릴지를 고민해야 한다. 그리고 주택 매입이나 전월세 비용 때문에 부채를 안고 있다면 상환 계획을 체계적으로 주도면밀하게 세워나가야 한다. 이렇게 재무 현황을 공유하며 주기적으로 자산 관리 회의를 하는 부부들은 대부분 사이가 좋다. 부부의 사이가 좋다는 것은 서로 믿는 것은 기본이고 한배를 탄 운명 공동체라는 의식도 있어 이런 부부일수록 자산 관리를 잘할 수밖에 없다. 가화만사성이라는 말이 실제로 가계재무관리에 적용되는 실제 사례이다. 맞벌이 부부가 자산을 늘리고 안정적으로 관리하려면 먼저 부부 관계가 좋아야 한다는 게 나의 신념이다. '돈도 사이가 좋은 부부에게 잘 모인다는 것'은 절대로 틀린 말이 아니다.

부부 통장 트기

부부가 결혼 전에 자산 관리를 함께 하기로 약속했다면 한 사람에게 주도권을 맡기는 게 좋은 결과를 끌어낼 수 있다. 무엇보다 따로 돈을 관리하다 예기치 않은 과소비로 허투루 날리는 경우를 막을 수 있기 때문이다. 부부 중 한 사람이 알뜰하게 가정의 씀씀이를 통제하고 공동의 재무 목표에 맞게끔 관리하다 보면 저절로 자산을 늘려나갈 수 있게 된다. 결혼을 앞둔 예비부부라면 돈에 관한 한 허심탄회하게 의견을 나눌 필요가 있다. 바로 '부부 통장 트기'를 하라는 것이다.

사실 통장 트기를 못하고 결혼하는 부부들이 상당히 많다. 그러다가 한참 시간이 흘러서 각자 비자금 통장을 갖게 되는 경우가 왕왕 있는데, 이는 부부 간 불신의 단초가 되기도 한다. 따라서 정기적으로 재정에 관해 논의하고 통장을 오픈하는 게 부부 관계에서는 아주 중요하다. 만약 지금까지 각자 재정 관리를 해 왔다면 부부 통장 트기를 권장한다. 다만, 전혀 몰랐던 배우자의 자산이나 부채를 알게 되면 충격을 받을 수 있으니 미리 서로 이해하고 넘어가자는 다짐을 꼭 하자. 부부 통장 트기는 다음과 같은 순서로 진행한다.

1. 공동의 자산 관리가 필요함을 공감한다.
2. 현재까지의 자산 현황에 대한 비판은 하지 않기로 합의한다.
3. 현재의 금융 자산과 금융 부채를 모두 공개한다.
4. 자산과 부채는 통장 정리를 통해 한군데로 모으되 부채는 상환 계획을 함께 논의한다.
5. 자산의 관리 주체를 정하고 정기적으로 점검 회의를 한다.
6. 공동의 재무 목표를 정하고 중장기 이행 방안을 마련한다.

우리 집 간단 재무제표 만들기

기업은 매년 재무제표를 작성해 투명하게 공시한다. 재무제표를 보면 기업의 순자산과 부채의 증감을 한눈에 파악하고 현재 보유한 현금과 자산 현황을 쉽게 알 수 있다. 가정에서 이 같은 재무제표를 작성할 의무는 없지만, 자산을 지키고 불리기 위해

우리집 재무제표

자산		부채	
1. 현금자산		1. 단기부채	
보통예금	550,000	신용카드 결제대금	900,000
정기예금	1,000,000	단기차입금	1,000,000
정기적금	4,500,000		
주택청약통장	3,500,000		
CMA통장	8,000,000		
CD			
합계	17,550,000	합계	1,900,000
2. 투자자산		2. 장기부채	
주식	15,000,000	주택담보대출	100,000,000
펀드	20,000,000	기타부동산담보대출	
연금	30,000,000	신용대출	15,000,000
채권	5,000,000	마이너스통장	30,000,000
저축성보험	6,000,000	자동차 할부금 잔액	20,000,000
기타 투자자산		학자금대출 잔액	
합계	76,000,000	합계	165,000,000
3. 부동산 및 기타 자산		순자산	301,650,000
부동산(주거용)	300,000,000		
부동산(투자용)	50,000,000		
전월세보증금			
자가용	25,000,000		
기타 자산			
합계	375,000,000		
자산 총계	468,550,000	부채 총계	166,900,000

서는 현재 가계의 재무 상태를 제대로 파악하는 게 아주 중요하다. 재무 상태를 나타내는 표를 6개월에 한 번씩 작성해보면 순

자산(자산·부채)의 증감을 명확하게 볼 수 있다.

작성법은 엑셀이나 표로 만들어 자산 및 부채의 현황을 기록하는 순서로 이어진다. 자산은 1. 현금자산, 2. 투자자산, 3. 부동산 및 기타 자산으로 나누어 기입한다. 현금자산은 보통예금(월급통장), 정기예금, 정기적금, 주택청약통장, CMA통장 등의 잔액이다. 투자자산에는 주식, 펀드, 연금, 채권, 저축성보험 등의 잔액을 기입하면 된다. 부동산 및 기타 자산에는 주거용 부동산 시가, 투자용 부동산 시가, 전·월세 보증금, 자가용 시세를 기재하면 된다. 이런 항목들을 모아 합산하면 자산의 총합이 된다. 이때 중요한 점은 6월 30일, 12월 31일 등처럼 일정한 날짜에 평가된 금액을 적어야 한다는 것이다. 동일한 시점을 정해 재무 상태를 확인해야 정확한 파악이 가능하기 때문이다.

부채는 단기부채(1년 이내)와 장기부채(1년 이상)로 나누어 기입한다. 단기부채는 신용카드 결제대금, 단기 차입금 등이다. 장기부채에는 주택담보대출, 신용대출, 마이너스 통장, 자동차 할부 잔액, 학자금대출 잔액을 적는다. 이렇게 부채의 총합계를 구해 자산의 총합계에서 빼면 순자산이 나오게 된다. 매년 2번씩 6개월마다 간단한 재무제표를 작성하면 순자산의 증감을 알 수 있고, 어디서 돈이 줄고 늘었는지를 정확하게 파악할 수 있다. 재무제표는 집을 지을 때 가장 중요한 건축 설계도와 같다.

쉽고 간단한 통장 쪼개기

재테크를 하는 사람들은 한 번쯤 통장 쪼개기에 대해 들어봤을 것이다. 통장 쪼개기란 통장을 한 개가 아닌 여러 개로 나누어 씀씀이를 통제하고 저축과 투자를 늘리는 방법으로 이미 많은 사람들의 사례를 통해 효과가 검증되었다. 요즘에는 보통 4개의 통장, 즉 월급, 비상금, 생활비, 재테크 통장으로 나누는 게 대세라고 하지만 나는 우선 딱 2개의 통장으로 통장 쪼개기를 해볼 것을 권한다.

일단 보통예금(월급 통장)과 CMA통장(저수지 통장) 두 가지로 나눠보자.

1. 월간 지출과 연간 지출을 구별한다(월간 지출은 정기적 지출, 연간 지출은 비정기적 지출).

    (월간 지출 : 주거비, 식비, 교육비, 문화비, 교통비, 통신비, 부모님·자녀 용돈, 대출 상환금)

    (연간 지출 : 휴가비, 명절비용, 경조사비, 생일축하비, 의류비, 미용비, 의료비)

2. 저수지 통장인 CMA 통장을 개설한다.

3. 저수지 통장의 잔액을 월급의 3배로 만든다.

4. 월급이 입금되면 월 지출만 남기고 모두 저수지로 옮긴다.

5. 연간 지출 및 저축·투자·이자·보험은 저수지 통장에서 쓴다.

6. 저수지의 잔액을 항상 3배 이상 일정하게 유지한다.

7. 저수지 잔액이 줄면 소비지출 통제를 통해 다시 저수지의 잔액을 3배 이상으로 늘린다.
8. 신용카드 대신 체크카드와 현금만 쓴다.

이렇게 통장을 쪼개고 나면 쪼개기 전보다 저축이 훨씬 수월해진다. 저수지 통장이 저축에 영향을 미치는 연간 지출의 조절을 가능하게 해주기 때문이다.

예상치 못한 휴가비, 경조사비 등으로 저수지가 줄어들면 저수지의 물을 다시 3배 이상 채워야 한다. 결국 월 지출을 줄여야 한다는 것이다. 반대로 월세 같은 월 지출이 줄어들어서 저수지의 잔액이 5배까지 늘어났다면 3배를 초과하는 나머지 저수지 금액은 저축·투자·보험·대출 상환 등으로 재투자하면 된다. 따라서 저수지 통장 하나의 수위를 일정하게 유지하는 것만으로도 씀씀이를 통제할 수 있게 된다.

1천 원 적금 풍차 돌리기

저축을 못 하는 사람들은 저마다 그럴싸한 핑계를 댄다. '쓰고 나면 저축할 게 없다'는 것이다. 그런데 이 말을 거꾸로 하면 '씀씀이를 좀처럼 줄이지 못해 저축이 어렵다'는 이야기다.

그래서 나는 이런 분들에게 1천 원 적금 풍차 돌리기를 제안한

카카오뱅크에서 1천 원 적금통장 만들기

다. 1천 원씩 매일 적금을 하나씩 늘려 가면 누구든 부담 없이 저축을 시작할 수 있다. 어떻게 매일 1천 원을 적금하러 은행에 갈 수 있느냐고 묻지는 말자. 인터넷뱅크인 카카오뱅크나 k뱅크 등을 활용하면 쉽게 적금통장을 만들 수 있다. 카카오뱅크를 기준으로 설명하면 다음과 같다.

1) 자유적금을 선택한다.
2) 만기는 12개월로 설정하고, 매일 1천 원의 적금을 불입한다. (만기 예상원금 365,000원/만기 예상이자(세전) 약 3,128원 수준. 현재 이율 1.7%–2019년 12월 기준, 1년만기 적금 기준)
3) 매일 1천 원 납입 적금을 한 개씩 늘려간다.(통장개설 시간은 약

4) 매일 통장에서 적금할 수 있는 금액까지 적금을 늘린다. 예를 들어, 통장에서 인출할 수 있는 최대 금액이 일일 2만 원 한도라고 하면(일 2만원×30일 = 한 달에 60만 원) 1천 원 납입 적금을 20개까지 만들면 된다.

5) 저축을 늘리고 더 싶으면 소비를 줄여 1천 원 납입 적금의 개수를 늘린다.

6) 1년 뒤 모이는 적금액은 36만8천 원(이자 포함)×통장 개수이다.

7) 1천 원 적금통장을 30개 가지고 있다면 11,040,000원이 1년 뒤 모이게 된다.

이렇게 1천만 원을 모아놓으면 앞으로 더 큰 금액도 모을 수 있다는 자신감을 갖게 된다.

아무리 돈이 없다고 하더라도 하루에 1천 원짜리 적금은 만들 수 있지 않겠는가? 1천 원 적금풍차 돌리기 정도는 누구나 실천할 수 있고 이를 통해 저축액을 조금씩 늘려가는 재미를 쏠쏠하게 맛볼 수 있을 것이다. 또한 적금 통장수를 늘려나가다 보면 무분별한 소비는 절로 막게 되는 효과도 누릴 수 있다. 단 번에 무리하게 적금 통장수를 늘리는 것은 자제하기 바란다. 하루 1천 원씩 적금하는 게 귀찮은 분들은 일주일 단위로 7천 원짜리 적금을 들어도 된다.

비과세상품을 활용한 목돈 만들기

적금 상품의 대부분은 만기가 길어야 3~5년이다. 따라서 비교적 큰 규모의 목돈을 마련하기가 어려울 뿐만 아니라 이자소득세까지 물어야 한다. 그래서 나는 10년 이상 만기의 저축성보험 비과세상품을 하나 정도는 꼭 가입하라고 권하고 싶다. 저축성보험의 비과세 요건은 1인당 월납 150만 원 한도(2017년도 4월 이후 가입분)로 10년 이상의 계약에 5년 이상 불입하는 게 원칙이다. 이때 계약 방식은 월 적립식이라는 것도 알아두자.

구분	비과세 요건	
기간 기준	· 보험료 최초 납입일로부터 만기일(중도해지일)까지 기간이 10년 이상	
	· 최초 납입일로부터 납입기간이 5년 이상인 월적립식 계약	
	· 최초 납입일로부터 매월 납입 기본 보험료 균등, 선납기간 6개월 이내	
	− 최초 계약한 기본 보험료의 1배 이내로 기본보험료를 증액하는 경우 포함	
	− 보험계약을 변경하는 경우 변경 전 납입보험료는 요건을 충족한 것으로 인정	
보험료 합계액	· 계약자 1명당 매월 납입하는 보험료 합계약이 150만원 이내	2017년 4월 1일부터의 보험계약에 적용

비과세 저축성보험에 가입할 때는 3가지만 확인하면 된다.

1. 저축성보험의 사업비 (사업비가 낮은 상품이 환급률이 높다.)

2. 현재 적용되는 공시이율 (공시이율이 높은 상품이 환급률이 높다.)

3. 최저보증이율 (금리하락 시 최저보증이율이 높은 상품이 유리하다.)

2019년 현재 총 6%의 사업비를 공제하며, 공시이율 2.15%를 적용하고, 최저보증이율(경과 기간 5년 이하: 1.25%, 5년 초과 10년 이하: 1.0%, 10년 초과: 0.5%)을 적용하는 월납 100만 원짜리 저축성보험의 경우 납입원금 대비 만기환급금은 다음과 같다.

납입기간 \ 만기	납입원금	만기환급금	비과세 이자소득
5년납 15년 만기	60,000(천 원)	73,862(천 원)	13,862(천 원)
10년납 15년 만기	120,000(천 원)	140,689(천 원)	20,689(천 원)
15년납 15년 만기	180,000(천 원)	201,313(천 원)	21,313(천 원)

비과세 저축성보험은 이자에 대한 비과세가 매력적이기도 하지만 장기간 저축으로 큰돈을 모을 수 있다는 것이 더 큰 장점이다.

좋은 빚, 나쁜 빚

부채는 모두 다 나쁜 것일까? 빚을 지지 않는 게 좋겠지만, 자본주의 사회에서 투자는 거의 대부분 빚을 활용한다. 특히 부동산이 그렇다. 주택, 땅, 상가, 오피스텔, 원룸 등 다양한 부동산에 100% 자기자본만 투자하는 사람은 드물다. 물론 과도한 대출을 통한 무리한 투자는 파산의 원인이 되기도 한다. 그렇지만 가치 상승이 기대되는 자산에 투자하기 위해 은행 대출을 받는다면, 감내할 수 있는 한 좋은 빚으로 분류될 수 있다.

보통 감내할 만한 수준의 빚은 가처분 소득의 30% 이내이다. 예를 들어, 월소득이 400만 원이라면 120만 원 정도를 대출 상환에 써도 좋다는 이야기다. 향후 금리가 급격하게 오른다 해도 상환 능력을 유지하기 위해 가처분 소득의 30%를 넘겨서는 안 된다. 또한, 학자금대출처럼 자신의 미래를 위해 투자하는 빚도 좋은 빚이라고 할 수 있다. 결국 '빚이 자기 미래의 물적·인적 가치 상승에 도움이 되느냐'에 따라 좋은 빚과 나쁜 빚이 갈라진다.

그렇다면 나쁜 빚은 어떤 것일까? 나쁜 빚은 대부분 소비성 부채로 가치 상승이 동반되지 않는 부채이다. 대표적인 게 마이너스 통장이다. 자동차 할부금, 카드론 등 부채 상환용 고금리 대출도 이에 해당한다. 이런 나쁜 빚들은 자산의 가치 상승과는 무관하게 빚이 빚을 불리는 특징을 갖고 있다. 부채는 어떻게 관리하는 것이 좋을까?

첫째, 자신의 부채가 얼마인지, 그리고 어떤 성격인지 제대로 파악하는 것부터 시작한다. 부채의 특성을 파악하려면 앞서 언급한 가계 재무제표를 작성해 살펴보면 된다.

둘째, 부채를 갚아나가는 우선순위를 정한다. 고금리일수록, 소액일수록, 만기에 가까울수록 우선순위에 놓고 상환의 순위를 정해야 한다.

셋째, 만기 일시상환 대출의 경우 원리금 균등상환이나 원금 균등상환의 대출로 갈아타는 게 좋다. 대표적으로 마이너스 통장을 없애는 것이다. 신용이 좋은 직장인은 마이너스 통장 개설

이자계산기

적금 예금 **대출** 중도상환수수료

대출금액　　　　　　　**3,000,000** 원
　　　　　　　　　　300만원

대출기간　| 년 | 개월 |　**3** 년　연이자율　**3.5** %

상환방법　| 원리금균등 | 원금균등 | 만기일시 |

대출원금　　　　　　**3,000,000** 원
총대출이자　　　　　　**164,625** 원
총상환금액　　　　　**3,164,625** 원

1회차 상환금액　　　　**87,906** 원
　　　　　　　　월별 더보기 >

의 유혹에 자주 빠지게 된다. 실제로 마이너스 통장은(실직의 위험이나 신용에 문제가 없을 때) 지속해서 만기 연장이 가능해 좀처럼 갚기가 어렵고, 규모 있는 소비를 방해하는 요인이 되기 때문이다. 마이너스 통장은 다른 은행권의 원리금 혹은 원금 균등상환으로 대환해서 매달 갚아나가는 식으로 없애야 한다. 원금 균등상환은 이자 비용이 적은 대출이라서 적극 활용할 것을 권한다. 실제로 대출이자를 비교 분석하고자 할 때는 네이버를 비롯한 포털 사이트에서 이자 계산기를 검색해 입력해보면 쉽게 파악할 수 있다.

　만약, 300만 원을 3년간 상환한다고 가정하면 원리금 균등상환의 경우 이자가 16만4천 원이고 원금 균등상환의 경우는 이자는 16만1천 원이다. 큰 차이가 아닌 듯 보이지만, 기간이 길수록 원금이 커질수록 무시할 수 없는 금액이 된다는 점을 유의하자.

자동차 구입할까? 렌트할까?

우리가 집 다음으로 큰 비용이 들어가 중시하는 자산은 자동차일 것이다. 사회 초년생의 경우 신차를 일찍 구입하면 돈을 모으기가 쉽지 않다. 자동차는 비싼 구입 비용(차량 가격, 취·등록세) 외에 보험료, 유류대, 주차료, 정비료 등 유지비가 정기적으로 나가기 때문이다. 그래서 요즘 젊은이들 사이에서 '카푸어(주거지가 없어도 고급 차를 타는 사람들을 의미하는 신조어. 소득에 비해 값비싼 차를 가진 사람들)'를 심심찮게 볼 수 있다. 자, 우리에게 꼭 필요한 운송수단인 자동차를 구매할지 렌트할지는 한번쯤 면밀히 따져볼 필요가 있다.

구매하는 것이 나은지, 아니면 장기 렌트하는 것이 나은지 비교하려면 다음의 사항을 고려해야 한다.

1. 초기 비용이 얼마인가?
2. 월 할부금과 월 렌트비는 얼마인가?
3. 계약 종료 시점에서 차량을 판매할 때 예상되는 중고 가격
   은 얼마인가?

4. 보험료 및 소모품 교환비 등 정비 요금은 얼마가 들어가는
   가?
5. 비용처리로 세금을 절감할 수 있는가?(개인사업자인가? 개인인
   가?)

자동차는 시간이 지나도 가격이 올라가지 않고 떨어지는 소모
성 자산이기도 하다. 따라서 비교할 만한 견적을 통해 자산 관리
에 유리한 방법을 선택해야 한다.

1. 원하는 차량의 신차 견적을 받는다(차량등록비 및 보험료 포함).
2. 선수금과 할부금 상환 기간을 정한다.
3. 월 할부금과 차량 소모품 비용 및 보험료를 뽑아본다(신차 구
   입 시 3년간은 보증 수리가 되므로 많은 유지비가 필요하지 않다. 그러나 타
   이어 교체, 와이퍼 교체, 에어컨 필터 교체 같은 소모품 교체 비용은 발생).
4. 장기 렌트 어플리케이션을 통해 같은 조건으로 견적을 내본
   다(스위트코 같은 어플 활용). 보증금을 새 차를 구입할 때의 선
   수금(차량등록 비용 포함)과 같이 설정하고 할부 기간과 같은
   기간으로 렌트 기간을 정한다.
5. 새 차 할부금의 총액(A)과 월 장기 렌트 비용의 총액(B)을
   비교한다.
6. 할부나 렌트가 종료될 때 돌려받을 보증금(D)과 할부가 종
   료될 때 예상되는 중고차 시세(C)를 알아본다.

그랜저 IG LPG3.0 신차 구입과 장기 렌트 비교표(상기표는 조건에 따라 변경될 수 있음)

신차 구입				장기 렌트		
그랜저 IG LPG 3.0 익스클루시브(파노라마 선루프, 센스패키지3)						
	1.차량가액	38,010,000		1. 차량가액	34,550,000	
	2.등록비용	2,660,000				
(E)	3.보험료	2,550,000	3년차 예상			
	총비용			총비용		
	1.선수금	10,000,000		1.보증금(30%)	10,490,000	
	2.월할부금 (36개월)	820,000		2. 월렌트료	820,000	
(A)	3.할부총액	29,520,000	(B)	3. 렌트총액	29,520,000	
	잔존가치			잔존가치		
(C)	1.예상중고 가액	17,000,000	(D)	1.보증금	10,490,000	
				2.잔존가치(45%)	15,730,000	
				절세액		26.4%세율 가정
			(F)	비용처리 절세액	5,455,296	렌트료 70%가정
비교하기 : A − C + E − (B − D − F)						
						1,495,296

7. 새 차를 구입할 때 추가로 들어가는 정비 비용, 보험료 비용 (E)을 합산한다.

8. 개인사업자의 경우, 비용처리로 절세되는 세금을 구한다 (F): 예를 들어 3년간 1,800만 원의 비용처리가 가능하다면

거기에 본인의 소득세율을 곱한 만큼이 절세 예상액이 다. 소득세율 26.4%를 가정하면 약 475만 원이 절세액이다.

9. A−C+E − (B−D−F)가 플러스라면 렌트를, 마이너스라면 구입을 결정하는 것이 좋다.

위에 있는 표의 경우, 장기 렌트가 유리한 것으로 나온다. 그러나 비용처리가 가능한 액수에 따라, 또는 개인의 보험료에 따라, 예상 중고가액에 따라 차이는 변화무쌍하다. 그래서 좀 더 쉽게 결론내자면, 장기 렌트는 개인사업자나 새 차 구입하기가 부담스러운 분들이 활용하는 게 적절해 보인다.

워렌 버핏이
결국 옳았다!

당신에게 위기가 닥쳐올 때 적절한 대응을 하지 못하면 많은 것을 잃어버릴 수 있다. 하지만 위기는 때론 옳고 그른 것, 그리고 진짜와 가짜를 분별하는 혜안을 터득하는 좋은 계기가 되기도 한다. 인생의 순간마다 찾아오는 위기가 고통스럽기는 해도 지나고 나면 진정으로 자신을 대한 사람과 그렇지 않았던 사람을 구분할 수 있게 하듯이 말이다. 2008년 서브프라임 사태로 글로벌 금융위기가 왔을 당시, 우리나라의 주가지수는 2000포인트에서

1000포인트 이하로 떨어졌고 부동산 경기도 급속도로 나빠졌다. 게다가 2009년 환율이 1,500원대를 찍으면서 우리 경제는 급격히 활력을 잃었다. 경제 위기가 찾아오면 서민들부터 힘들게 모은 자산을 잃어버리게 된다.

이 당시 미국 월가에서 금융 위기의 와중에 투자가 2명이 진짜와 가짜로 갈리어 눈길을 끈 바 있다. 진짜는 워렌 버핏이고 가짜는 버나드 매도프였다. 버나드 매도프는 미국 나스닥거래소 회장까지 지낸 인물이라서 월가에서는 큰 충격을 받았다. 그가 사용한 투자 수법은 전형적인 폰지(Ponzi) 사기였다. 그는 '버나드 매도프 LCC'라는 회사를 설립하고 20년 가까이 신규 투자자들의 돈을 끌어 모아 기존 투자자들의 수익금을 메워주는 방식으로 영업을 했는데, 금융 위기가 터지면서 그가 실제로 수익을 내지 못했다는 사실이 만천하에 드러났다. 그가 자랑하던 수익률은 다 거짓이었고, 그가 벌인 사기의 금액은 적어도 500억 달러(우리나라 돈으로 78조원)에 이르렀다. 그는 현재 150년 형을 받고 감옥에서 복역 중이다. 반면, 투자의 원칙을 고수하던 워렌 버핏는 위기에도 빛을 발했다. '오마하의 현인'이라 불리는 워렌 버핏은 가장 중요한 두 가지 투자 원칙으로 다음과 같은 이야기를 했다.

'첫 번째, 돈을 절대로 잃지 말라, 두 번째, 첫 번째 원칙을 절대로 잊지 마라.'

결국 투자에서 중요한 것은 높은 수익률이 아니고 돈을 잃지 않는 데 있다는 뜻이다. 바로 뒤에 얘기할 수익률의 함정도 같은 맥락으로 이해하면 된다. 거치식 투자에서 제로섬 수익률로는 절대로 수익을 낼 수 없다. 차라리 수익률이 낮아도 꾸준히 수익을 올리는 투자가 결국 이긴다는 것이다.

우리는 워렌 버핏의 충고에 귀를 기울여야 한다. 일확천금을 좇는 재테크가 아니라 꾸준히 수익을 내면서도 원금을 지킬 수 있는 투자를 해야 한다. 그렇게 하려면 먼저 기대수익률을 낮추고 중장기로 투자하는 습관을 익혀야 한다. 그렇다면 어떻게 투자를 하라는 말인가?

가상화폐 광풍과 수익률의 함정

2017년 하반기부터 2018년 초반까지 불어 닥친 가상화폐 광풍은 우리 같은 평범한 사람도 부자가 될 수 있다는 희망을 주면서 동시에 기대 수익이 높으면 높은 위험을 감수해야 한다는 교훈을 새삼 일깨워 주었다. 가상화폐는 2017년 12월 1비트코인에 2,500만 원까지 고점을 찍고 2019년 12월 현재 1,300만 내외의 가격으로 반 토막이 나 있다. 이 때문에 "앞으로 다시 올라갈 것이다", "아니다. 단기간 급락일 뿐 다시 하락할 것이다"라는 등 투자자들은 오락가락 전망에 매달리며 설왕설래하고 있다.

그런데 이런 비트코인이나 주식투자에는 우리가 모르는 수익률의 함정이 있다는 것을 알고 있는가?

주식투자와 수익률의 함정

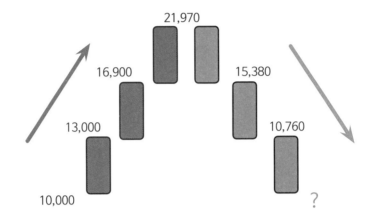

[주식투자와 수익률의 함정]

요즘 핫한 YJ바이오라는 주식이 있다고 가정하고 예로 들어보자. 1만 원 하던 주식이 30%씩 3일간 연속 상한가를 쳤다. 더 올라간다는 말이 돌아 셋째 날 투자했다. 그런데 아뿔싸, 넷째 날부터 -30%씩 3일간 연속 하한가를 맞았다. 그렇다면 과연 1만 원 하던 YJ바이오는 현재 얼마일까? 수익률은 +30%씩 세 번, -30%씩 세 번으로 수익률의 합은 0%이다. 대다수 사람들이 1만 원일 것이라 착각하지만 사실은 전혀 그렇지 않다. 1만 원짜리 주식이 30%씩 세 번의 상한가를 맞으면 21,970원이 되고 여기서 -30%씩 세 번의 하반가를 맞으면 7,535원이 된다. 수익률의 합은 제로섬(ZERO-SUM)인데 2,465원이 사라졌다. 만약 1억 원을 투자했다면 2,500만 원 정도가 사라진 것이다. 그런데 여기서 몇 가지 고려하지 못한 것들이 또 있다.

원금이 줄어드는 제로섬 수익률의 함정

투자 횟수	투자 전 원금	수익률	투자 후 원금	투자 횟수	투자 전 원금	수익률	투자 후 원금
1	10,000,000	10%	11,000,000	1	10,000,000	50%	1,500,000
2	11,000,000	−10%	9,900,000	2	1,500,000	−50%	7,500,000
3	9,900,000	10%	10,890,000	3	7,500,000	50%	11,250,000
4	10,890,000	−10%	9,801,990	4	11,250,000	−50%	5,625,000
5	9,801,000	10%	10,673,289	5	5,625,000	50%	8,437,500
6	10,781,100	−10%	9,702,990	6	8,437,500	−50%	4,218,750
7	9,702,990	10%	10,673,289	7	4,218,750	50%	6,328,125
8	10,673,289	−10%	9,605,960	8	6,328,125	−50%	3,164,063
9	9,605,960	10%	10,566,556	9	3,163,063	50%	4,746,094
10	10,566,556	−10%	9,509,900	10	4,746,094	−50%	2,373,047
11	9,509,990	10%	10,460,891	11	2,373,047	50%	3,559,570
12	10,460,891	−10%	9,414,801	12	3,559,570	−50%	1,779,785
13	9,414,801	10%	10,356,282	13	1,779,785	50%	2,669,678
14	10,356,282	−10%	9,320,653	14	2,669,678	−50%	1,334,839
15	9,320,653	10%	10,252,719	15	1,334,839	50%	2,002,258
16	10,252,719	−10%	9,227,447	16	2,002,258	−50%	1,001,129
17	9,227,447	10%	10,150,192	17	1,001,129	50%	1,501,694
18	10,150,192	−10%	9,135,172	18	1,501,694	−50%	750,847
19	9,135,172	10%	10,048,690	19	750,847	50%	1,126,270
20	10,048,690	−10%	9,043,821	20	1,126,270	−50%	563,135

첫째, 미실현 수익의 오류이다. 세 번의 상한가를 맞이하는 동안 자산이 증가했기 때문에 우리는 무심코 소비를 늘린다. 상한가를 맞은 기분 좋은 어느 날 동료들과 소고기를 먹고 기분 좋게 쏘는 것이다. 경제학에서는 이를 '부의 효과(Wealth effect)'라고 한다. 아파트 가격이 올라갔다는 이유만으로 새 차를 구입하는 것

과 같은 현상을 뜻한다.

둘째, 수수료 비용이다. 주식은 사고파는 데 거래 비용 및 거래세가 들어간다. 이런 이유로 대다수 주식 투자자들은 막상 수익을 내는 것 같아도 정작 투자 잔액은 늘지 않고 오히려 마이너스가 되는 경험을 하기 쉽다. 나를 이를 수익률의 함정이라고 부른다. 기억하자! 거치식 투자에서 제로섬 수익률은 투자자에게 늘 손실을 안겨준다. 특히, 등락 폭의 제한이 없고 24시간 거래되는 비트코인 투자는 개인 투자자에게 절대로 맞지 않는다. 실제로 시뮬레이션을 해보면 똑같이 1억 원을 투자해서 10%, −10%를 내는 투자종목(a)과 50%, −50%를 내는 투자종목(b)을 비교해보면 후자가 원금이 급속도로 줄어드는 것을 볼 수 있다. 그리고 휴식 없이 24시간 투자에 매달리면 수면 시간을 빼앗겨 생업마저 흔들리게 된다.

비트코인은 전망이 좋든 나쁘든 가격제한 폭이 없는 상품이라 리스크 부담이 크다. 24시간 거래되는 비트코인 거래는 생업을 지켜야 하는 개인투자자라면 절제해야 한다.

적립식 투자의 비밀

전업 투자자와 달리 생업을 지닌 보통 사람들이 주식 투자를 하기란 쉽지가 않다. 직장인을 예로 들면, 장이 열리는 9시에 본

업을 시작하면 여유가 없어 전업 투자자들처럼 시의적절한 매매를 하지 못하고 정보 수집이나 분석은 꿈도 꾸지 못한다. 그래서 나는 보통 사람들에게는 반드시 적립식 투자를 권유한다. 적립식 투자에는 놀라운 몇 가지 비밀이 있다.

거치식 투자는 처음 산 가격과 마지막 판 가격이 수익률을 가르는 중요한 변수이다. 결국은 언제 사서 언제 파느냐가 핵심이지만 적립식 투자는 그렇지가 않다. 적립식 투자의 경우는 사고팔 때가 아닌 투자 기간의 주식 가격 변화가 중요하다. 그래서 거치식 투자가 처음과 마지막 가격만 보는 것이라면 적립식 투자는 과정 전체를 보는 것이라고 이해하면 된다. 매월 100만원씩 적립식으로 6개월간 투자한다면 다음 페이지에 있는 그래프의 1안과 2안 중 어떤 것이 더 수익이 날까?

둘 다 주식 가격이 50에서 100으로 올라가는 과정을 나타낸 그래프이다. 만약 거치식 투자라면 처음이 50이고 끝이 100이기 때문에 1안과 2안의 결과는 수익률이 100%로 똑같다. 하지만 적립식 투자의 경우는 결과가 완전히 달라진다. 1안은 지속적으로 가격이 상승하는 주식이고 2안은 가격이 떨어졌다가 상승하는 경우이기 때문이다. 결과를 보면 1안의 수익률은 40.9%, 2안의 수익률은 89.6%로 두 배 이상 차이가 난다. 이것을 투자에서는 코스트 에버리지 효과(cost-average effect)라고 하는데, 매월·매주 같은 날에 똑같은 금액을 투자하는 적립식 투자의 경우 가격이 떨어질 때 더 많은 주식(혹은 펀드)을 구매하게 하는 효과가 있

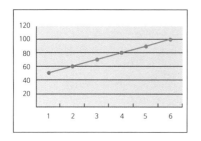

(1안) 지속적 상승일 경우

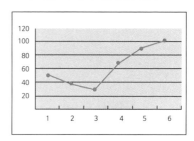

(2안) 폭락 후 상승할 경우

구분	1안	2안	차액
투자액	6,000	6,000	0
평가액	8,456	11,373	2,917
차액	2,456	5,373	2,917
수익율	40.9%	89.6%	48.7%

기 때문이다. 이렇듯 적립식 투자는 가격 변동이 없는 경우보다 폭락 후 상승하는 경우 수익이 더 많이 난다. 따라서 적립식 투자는 주가가 떨어져도 꾸준히 투자할 수 있어 가격 변화에 일희일비하지 않아도 된다.

　기억하자! 적립식 투자는 주식 가격의 변화를 나타낸 차트의 U자 구간에서 수익이 많이 난다. 그렇기에 적립식 투자는 상승장보다 오히려 하락장에서 더 적합한 투자가 될 수 있다. 다만 적립식 투자의 기간은 최소 3년 이상을 권장한다. 과거의 우리나라 주가지수를 종합해 보면, 주가가 하락해서 다시 상승하는 사이클이 보통 3년 정도이기 때문이다. 그리고 적립식 투자를 하더라도 한 종목보다는 섹터 혹은 지수에 투자하는 게 안전한 방법인데, 이는 뒤에서 자세히 설명하겠다. 전업 투자자가 아닌 이상 거치식 투자, 소위 말하는 몰빵 투자는 금물이다. 개인 투자자가 언제가 바닥인지 고점인지 매매 타이밍을 잡는다는 것은 쉬운 일이 아니기 때문이다. 따라서 매월 본인이 선정한 종목, 지수, 펀드에 똑같은 금액을 일정 기간 투자하는 적립식 투자가 일반 투자자에겐 훨씬 더 좋은 결과를 기대할 수 있다. 적립식을 선택해 가격이 떨어져도 쉬지 말고 3년 이상 투자해보자!

알짜 펀드 고르는 법

아무래도 간접투자의 대명사는 적립식 펀드이다. 회사마다 판매하는 펀드의 특징을 잘 살펴서 가입하면 저렴한 수수료로 뛰어난 펀드 매니저가 운영하는 성과 좋은 펀드에 가입할 수 있다. 나는 그저 매월 약정된 금액을 꾸준하게 투자하면 된다. 그렇다면 좋은 펀드는 어떻게 골라야 할까? 가장 쉬운 방법은 은행이나 증권사 객장을 방문해 상담을 받고 가입하는 방법인데, 아무래도 정보가 부족한 상황에서는 그 회사에서 현재 밀고 있는 펀드(판매 수수료가 높은 펀드. 최근 수익률이 높은 펀드. 해당 증권사나 은행의 계열사가 운영하는 대표 펀드)에 가입할 수밖에 없다. 하지만 그런 펀드가 늘 수익률이 높게 난다고 장담할 수는 없다. 따라서 제대로 된 펀드를 고르려면 일정한 기준을 가지고 본인이 직접 펀드를 골라

펀드닥터 수익률 검색화면

수익률(역내)

| 펀드 > 수익률(역내)

| 수익률(역내) | 수익률(역외) | 인기클릭 | 투자비용 | 제로인등급 | 판매량 | ESG TOP 펀드 |

대유형	주식형 ▼	소유형	전체 ▼	
기간	3년 ▼	기준일	2019-12-16	검색

1) 운용규모 100억원 이상 펀드입니다.
2) 펀드명을 클릭하시면 상세내역을 보실 수 있습니다.
3) 복수의 클래스가 존재하는 펀드인 경우 대표클래스만 조회됩니다.
4) 제로인평가등급 : 위험을 조정한 수익률을 동일유형 내에서 비교한 등급. 1등급이 가장 좋은 등급입니다.
5) 수익률 생성은 주간단위로 생성됩니다.

(기준일 : 2019.12.16. 단위 : 억원, %) 대상펀드 : 341개 [펀드등록] [펀드비교] [차트비교]

| No | 펀드명 | 소유형 설정일 | 순자산액 [?] 운용규모 [?] | 수익률(% 순위) | | | 제로인등급 (3년) | 선택 |
				1년	2년	3년↓		
1	미래에셋TIGER200IT레버리지상장지수(주식-파생)	기타인덱스 2016.05.12	234 234	41.26 (-)	-17.03 (-)	78.97 (-)	○○○○○	□
2	한국투자KINDEX삼성그룹주SW 상장지수(주식)	기타인덱스 2009.01.23	280 280	13.20 (-)	7.46 (-)	47.82 (-)	○○○○○	□
3	미래에셋TIGER200IT상장지수(주식)	기타인덱스 2011.04.05	2,982 2,982	22.70 (-)	-2.27 (-)	47.41 (-)	○○○○○	□
4	미래에셋TIGER소프트웨어상장지수(주식)	기타인덱스 2012.05.15	794 794	20.50 (-)	-1.19 (-)	47.34 (-)	○○○○○	□
5	한국투자삼성그룹적립식 2(주식)(A)	테마주식 2007.10.17	1,093 2,679	9.89 (-)	4.44 (-)	42.78 (-)	○○○○○	□
6	우리모아드림삼성그룹자 1(주식)ClassA	테마주식 2006.08.21	192 229	11.71 (-)	3.01 (-)	41.49 (-)	○○○○○	□
7	한국투자골드적립식삼성그룹 1(주식)(C5)	테마주식 2004.07.20	158 180	10.13 (-)	4.68 (-)	41.40 (-)	○○○○○	□

객장이나 인터넷에서 직접 구입할 것을 권한다.

우선 펀드 검색에 유용한 사이트로 펀드 닥터(http://www.funddoctor.
co.kr)나 네이버 금융 펀드검색(https://finance.naver.com/fund) 등을 소
개한다.

온라인 펀드 슈퍼마켓

펀드를 고르는 몇 가지 기준이 있으니 주의해서 살펴보자.

1. 최근 3개월~1년의 수익률로만 펀드를 고르지 말고 최소 3
   년 이상 수익률을 본다.

2. 펀드 설정액(펀드 규모가 최소 300억 원 이상)이 큰 회사의 대표
   펀드를 선택한다.

3. 펀드 수수료는 펀드 가격이 오를 경우 선취형(A클래스)이 후
   취형(C클래스)보다 유리하다.

4. 매월 적립식으로 투자하되 투자 기간은 최소 3년을 잡는다.

5. 여웃돈으로 투자한다.

이렇게 고른 펀드가 있다면 은행이나 증권사 객장에서 가입해도 되지만 온라인 펀드 수퍼마켓(www.fundsupermarket.co.kr)을 이용하면 수수료를 절반 이상 아낄 수 있다.

자산의 크기가 인내심의 크기

주식 투자를 선호하는 개인 투자자를 만나보면 꼭 하는 이야기들이 있다. "그때 ○○ 전자를 샀었다면', '○○ 전자 주식을 몇 년 만 더 가지고 있었어야 하는데…"라고 토로하는 아쉬움이다. 그런데 왜 이렇게 개인투자자들은 성공보다 실패를 많이 경험하게 될까?

이유는 간단하다.

A와 B라는 두 명의 투자자가 있다고 가정하자. A는 100억대의 자산가이고, B는 현금 1천만 원을 지닌 개인 투자자이다. 둘 다 똑같이 ○○ 전자 주식을 직전 3개월간 최저가인 5만 원에 1억 원어치 매수했다. 물론 B씨는 자기자본 1천만 원에 나머지 9천만 원을 주식담보 대출로 받았다. ○○ 전자가 5만 원으로 떨어지자 주식 전문가들 사이에는 바닥이나 다름없는 저점이며 더 이상 떨어질 가능성은 희박하다는 소리가 떠돌았다. 그런데 웬일인가? 5만 원 하던 주가는 더욱 하락을 하더니 1주일 새 4만 원으로 떨어졌다. 이 국면에서 A와 B의 행동은 근본적으로 차이가 난다.

A는 1억 원을 구매해서 20% 손실이 났으니 자산이 8천만 원으로 줄었다. 그러나 그의 자산 100억 중 2천만 원 손해는 아무것도 아니다. 전체 포트폴리오의 0.2%에 불과하기 때문이다. 그는 ○○전자를 믿기로 다짐하며 차분히 기다리기로 했다.

반면, B는 자기자본 1천만 원 외에 9천만 원을 대출을 받았다. 9천만 원에 대한 이자는 연 5% 수준이다. 잔액은 8천만 원으로 투자금 2천만 원이 날라 갔다. 이자도 계속 물어야 한다. 자기자본 1천만 원이 사라진 것은 물론 1천만 원 넘는 빚을 지고 있는 셈이다. B는 혹시나 더 떨어질까 두려워 다음날 4만 원의 가격에 매각했다. 그리고 다시는 주식에 손대지 않으리라 다짐했다. 그는 비싼 수업료만 지불한 채 투자를 접어버렸다.

A와 B의 차이는 무엇일까? 주식시장을 보는 눈? 주식을 고르는 능력? 주식을 사고파는 타이밍? 모두 아니다. 가장 뚜렷한 차이는 자산의 크기이다.

A에게 투자 손실 2천만 원은 100억 원 중 0.2%에 불과하지만, B에게 2천만 원은 꼬박 빚으로 남고 말았다. 결국 자산의 크기가 두 사람의 인내심을 결정했고, 투자의 성패를 가르게 되었다고 할 수 있다. 그래서 무엇보다 자기자본이 적은 개인 투자자는 기관 투자자나 외국인들 그리고 투자 규모가 큰 개인 투자자에게 좋은 먹잇감이 되곤 한다. 자산의 크기가 얼마 안 되는 개인 투자자들이 하락장에서 견디기란 어렵다. 개인 투자자에게 주식은 절대적으로 불리한 상품임을 명심하자.

네이버웹 화면과 KRX ETF 어플리케이션 화면

효과적인 ETF 투자법

요즘 펀드 중에 가장 핫한 것이 바로 ETF(Exchange Traded Fund)
이다. ETF는 상장지수펀드라고 하는데 각종 인덱스 펀드를 거래
소에 상장시켜 투자자들이 주식처럼 쉽게 거래할 수 있게 한 펀드
이다. 증권계좌를 개설하면 마치 주식처럼 쉽게 사고팔 수 있는데,
펀드 이름 앞에 운용사에 따라 KODEX(삼성), KINDEX(한국투신),
TIGER(미래에셋), KOSEF(키움 투자), KBSTAR(KB), ARIRANG(한화)
등이 붙는다. 펀드의 종류를 살펴보려면 PC에서는 네이버 금융
을, 스마트폰에서는 KRX ETF 어플리케이션을 다운받아 해당 종

주요 ETF종목

운용사	섹터	테마	채권	유가증권	해외	상품/기타
TIGER (미래에셋 맵스)	KRX100, 은행, 반도체, 미디어통신, 그린, 제약& 바이오,금융, 화학, 생활 소비재, 에너지화학, 증권, 조선운송, 철강소재, 건설기계, 헬스케어	베타플러스, 경기민감, 로우볼, 경기방어, 가치주	국채3, 인버스국채 3Y	200, 인버스, 레버리지	라틴, 브릭스, 차이나, 나스닥100, 미국나스닥 바이오, 일본 니케이225	원유선물 (H) 농산물선 물(H) 금속선물 (H) 금은선물 (H) 구리실물
KODEX (삼성)	반도체, 은행, 자동차, 운송, 조선, 증권, 보험, 에너지화학, 철강, 건설	중국소비 테마	단기채권, 국고채, 10년국채선물	200, 인버스, 레버리지	China H, Japan, Brazil	골드선물 (H) 은선물(H) 콩선물(H) 구리선물 (H) 3대농산물 (H) WTI원유선 물(H)
KINDEX (한국투자)	삼성그룹SW	밸류대형, 성장대형 F15	단기자금, 국고채	200, 인버스	베트남VN 합성	
KBSTAR (KB)	현대차그룹	수출주, 우량업종	국고채, 우량회사채	200, 레버리지	중국본토 CSI100	채권혼합
KOSEF (키움)	KRX100, 코스피100	블루칩, 고배당, 저PBR가중	단기자금, 통안채 1년, 3년 국고채, 10년 국고채	200, 인버스	인도니프티 50(합성)	달러선물, 달러 인버 스선물

목을 검색할 수 있다.

ETF는 일반 펀드와 달리 다음과 같은 장점이 있다.

1. 주식처럼 실시간 매수·매도가 가능하다.
2. 거래 비용이 저렴하다(일반 펀드의 절반 이하의 수수료, 매도 시 0.3% 증권거래세 없음).
3. 다양한 섹터(주식, 채권, 해외, 원자재, 지수, 산업)에 분산투자가 가능하다.
4. 하락장에서도 수익을 낼 수 있다(인버스 종목 투자시).
5. 주식에 비해 변동성이 적어 안전한 투자가 가능하다.

ETF를 활용해 매월 적립식으로 투자하면 안정성을 높이면서 상대적으로 수익률이 높은 투자를 할 수가 있다. 중요한 것은 펀드를 고르는 방법인데, 어떤 펀드를 골라야 할지는 해당종목을 유심히 관찰하다 보면 ETF의 경우 특정 종목이 아니라 특정 분야에 투자를 하기 때문에 경제 전반의 흐름까지 볼 수 있게 된다. 어쨌든 가장 중요한 점은 적립식으로 ETF에 투자하는 것이다.

경기를 파악하고 투자하라

경기는 살아있는 생명체와 같아 좋은 때가 있고 안 좋을 때가 있다. 만약 안 좋을 때와 좋을 때를 구별할 수 있다면 더 바랄게 없겠지만 사실상 시장을 파악하는 것은 투자전문가들에게도 결코 쉬운 일이 아니다. 그래도 우리가 경기의 흐름을 대략이나마

한·미 기준금리 추이

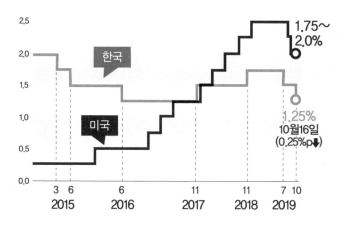

출처 : 한국은행, 미국연방준비제도(Fed)

감지할 수 있는 방법이 있다면 한결 용이하게 투자 여부를 판단할 수 있을 것이다.

아주 간단하며 효율적인 방법을 한 가지 소개하겠다. 바로 기준 금리와 함께 경기를 파악하는 것이다. 미국의 기준 금리를 세계 경제의 전망치로 삼고 한국의 기준 금리를 한국 경제의 전망치로 삼는 식이다. 기준 금리가 높아진다면 경기가 호전되고 있고, 기준 금리가 낮아지면 경기가 안 좋아진다고 판단하면 된다. 물론 금리가 실물경제에 영향을 미치는 시차가 3~6개월 존재하지만 이보다 더 쉽게 경기를 파악할 방법은 별로 없다.

위에 있는 금리 현황을 보면, 2019년 8월 현재 세계경기는 정

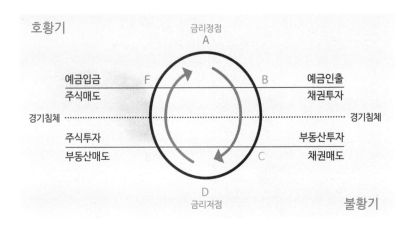

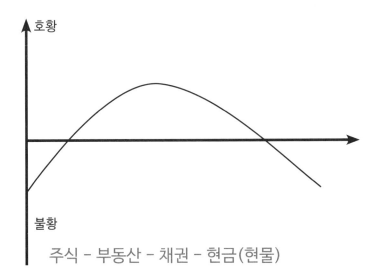

주식 – 부동산 – 채권 – 현금(현물)

점을 찍고 하향으로 돌아섰으며, 한국 경제는 계속 바닥권에서 헤매다 2019년 10월 다시 금리를 인하했다. 2019년 12월 한국의 기준 금리는 연 1.25%이고, 미국의 기준 금리는 연 1.50~1.75%

이다. 그렇다면 이런 상황에서 어떤 투자가 어울릴까? 이탈리아의 경제학자 코스탈라니는 달걀 형태의 경제 모형을 소개한 적이 있다. 이 모형의 핵심은 금리 변화에 따라 투자 대상을 바꿔나가는 것이다. 지금 이 모형에 따라 투자한다면 세계적으로는 채권 투자가 괜찮고, 우리나라는 부동산이 괜찮을 것이다.

달걀 모형을 보다 알아보기 쉽게 만든 모형이 '주-부-채-현'이다. 금리가 바닥권을 맴돌다가 상승을 시작되면 주식을, 금리 상승이 지속되면서 경기가 좋아지면 부동산을, 금리가 정점을 찍고 꺾이는 신호가 오면 채권을, 금리 인하가 계속되면 현금이나 현물자산(금, 원유 등)에 투자하는 것이 좋다.

금(GOLD) 투자, 지금 해도 괜찮을까?

2019년 12월 현재 금값이 오르고 있다. 그렇다면 지금 금에 투자해도 괜찮을까? 많은 분들에게서 듣는 질문이다. 현재 24k 순금 1돈을 소매가격으로 구입하려면 25만 원을 줘야 한다. 2014~2016년까지 금값은 1g에 4만 원까지 바닥을 찍었다가 2019년 12월 현재 55,000원까지 올랐다. 6년 만에 최고치이다. 물론 과거 2011년 9월 23일 찍었던 고점 68,000원까지는 아직 멀었다. 상식적으로 금값은 경기가 불안할 때 더 많이 올라간다. 특히 미국 달러 가치가 떨어질 것으로 예상되면 더 많이 올라간다.

최근 미·중 무역전쟁으로 주식시장이 좋지 않고, 2019년 9월 18일 미국연방준비위원회(FRB)에서 금리를 내리면서 앞으로 금 가격 인상이 지속될 것으로 예상된다.

또 하나의 중요한 사실은 G2로서 기축통화의 자리를 노리고 있는 중국이 금을 수시로 매입하고 있다는 점이다. 물론 위안화가 당분간 달러의 위상을 대신할 수는 없겠지만, 중국의 개인이나 정부가 계속 금을 매입하면 금값이 더 올라갈 개연성이 커진다. 결론적으로, 미국의 금리 인하가 계속되는 한 금 투자는 여전히 매력적이다. 다만 은행에서 골드바를 구입하거나 금은방에 가서 순금을 매입하는 것은 바람직하지 않다. 이미 그 안에는 부가세 10%가 포함되어있기 때문이다.

골드바를 가장 싸게 구입하는 방법은 증권사에 계좌를 트고 금을 구매하는 것이다. 여기에는 판매수수료 0.6% 정도만 붙는다. 만일 금 거래 계정에서 실물 골드바를 찾아가고자 한다면 거래 금액의 10%를 부가세로 물어야 한다. 또한 은행에서 판매하는 골드뱅킹에 가입해도 되는데, 골드뱅킹에 원화로 입금을 하면 그날의 시세로 금을 매입하게 된다. 이 경우의 단점은 금 시세뿐 아니라 환율에도 영향을 받는다는 것이다. 나는 개인이 금에 투자한다면 ETF로, 'KODEX 골드 선물(H)' 같은 ETF 펀드를 매월 일정액 적립식으로 구매하는 것을 추천한다. (골드선물 뒤에 붙은 H자는 '환율에 영향 없음'을 의미하는 환율Hedge의 약어이다.)

적금보다 높은 수익률 P2P 투자 안전할까?

　P2P 대출(Peer-to-peer lending, P2P lending)은 온라인 서비스를 통해 채무자와 채권자를 바로 연결해주는 대출 서비스이다. 온라인을 이용하기 때문에 사업비가 많이 들지 않으면서도 제1·2금융권에서 거절당한 채무자(대출자)에게는 좀 더 낮은 금리의 대출을 해준다. 동시에 채권자(투자자)에게는 은행보다 높은 연 5~15% 금리를 제공한다. 투자 대상은 부동산(PF*, 부동산담보대출)이 주류를 이루고 최근에는 명품을 담보로 활용한 개인 대출이나 비상장주식 등으로 투자 영역이 확대되고 있다. 기존 대부업체보다는 낮은 금리로 돈을 빌리게 해주면서 소비자와 소비자를 직접 이어주는 방식이다. 다만 예금자 보호를 전혀 받을 수가 없고 높은 수익률을 제시하는 만큼 원금 손실의 우려가 있기에 한군데 투자하기보다는 반드시 여러 군데로 나눠서 분산 투자를 해야 한다. 이런 투자 대상을 쉽게 검색할 수 있는 어플리케이션은 P2P 스타가 있다. 이 어플리케이션을 통하면 시중에서 모집하는 다양한 P2P 대출 상품을 접할 수 있고 직접 투자도 가능하다.

　그러나 P2P 투자는 결국 돈을 빌려주는 것이기 때문에 원금 손실의 우려를 염두에 두어야 한다. 투자 시에는 다음의 유의사항을 참고하기 바란다.

---

* PF : 프로젝트 파이낸싱의 약어, 자금을 빌리는 사람의 신용도나 다른 담보 대신 사업계획, 즉 프로젝트의 수익성을 보고 자금을 제공하는 금융기법이다. 주로 부동산 투자에 많이 활용된다.

P2P 스타 앱에서 볼 수 있는 상품들

1. P2P 투자는 업체 선정이 제일 중요하다. 반드시 금융감독원 홈페이지에 대부업으로 등록된 업체인지 확인해야 한다. 더불어 누적거래량과 누적투자금이 크고 원금손실률, 연체율이 낮은 검증된 업체를 선정해야 한다.

2. P2P 투자 시에는 일반 분산투자보다 더 잘게 투자액을 쪼개야 한다. 전문가들의 조언에 의하면, 투자금이 100만 원이면 한 상품에 5%를 초과하지 말아야 한다. 100만 원을 쪼개서 20군데 이상 투자하는 것이 안전하다.

3. P2P 투자 상품은 투자 종료 시점에 원리금을 돌려주는 '만기일시상환' 방식과 매월 원금과 이자를 상환해주는 '원리금 균등상환' 방식이 있다. 둘의 비율을 적절히 가져가되 위

P2P업체 누적대출액 및 연체율 추이

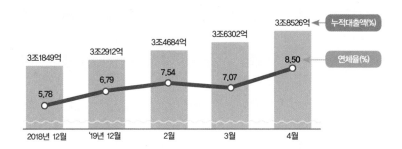

출처: 한국P2P금융협회

험이 높은 상품은 매월 원리금 상환 방식으로 가입하는 것
이 안전하다.(중간에 연체되거나 원금 손실이 발생해도 그동안 받은 금
액이 있으므로 원금을 100% 떼일 위험은 줄어들기 때문이다)

4. 금리나 환율이 급격하게 올라가는 경제 위기 상황에서는 절
   대로 투자하지 않는다.

5. 부동산 경기가 좋지 않을 때는 PF[1]나 부동산담보대출 상품
   은 연체율이 높아질 확률이 크다. 이럴 경우는 만기가 짧은
   상품에 여러 개를 분산해서 투자하고 기대수익률을 절대로
   높게 잡지 않는다.

6. 대출의 특성상 연체율이 높아지면 다른 P2P 상품도 영향을
   줄줄이 받게 된다. 대출의 연체율이 높아질 때 P2P 투자는
   적합하지 않다.

최근에는 P2P 업체들의 연체율이 급증하거나 폐업하는 사태가 많이 생기고 있다. 따라서 P2P 투자를 할 때는 반드시 돌다리를 두드리고 건너 듯 신중해야 하며 꼭 분산투자를 하기 바란다.

대한민국 집값이 계속 오르는 이유

많은 전문가들의 예상과는 달리, 2019년 들어서도 수도권 집값은 계속 올라가고 있다. 경기가 좋은 것도 아니고 주택보급률이 100%를 넘은 지가 이미 10년이 넘었다. 그런데도 집값이 올라가는 이유는 무엇일까? 바로 그 중심에 가구 수의 비밀이 있다.

쉬운 예를 들어보자. 김병만 씨는 네 식구의 가장이다. 그런데 이미 은퇴한 지가 3년이 되었다. 큰아들은 2년 전에 직장 근처로 독립을 해서 나갔고, 둘째 딸도 작년에 직장 근처 원룸으로 이사했다. 자녀들은 둘 다 30세가 넘었지만 아직 미혼이다. 아내와 단둘이 지내던 김병만 씨는 올해 들어 부쩍 아내와의 다툼이 잦아지게 되었다. 본인의 건강 문제와 일자리가 없어 집에만 있던 게 화근이 되었다. 김병만 씨는 아내와 이혼에 합의하고 살던 집을 처분한 다음 혼자 작은 원룸을 구해서 나오게 되었다. 5년 만에 한 가구가 4가구로 나뉘어버린 것이다.

이렇듯 우리나라는 1~2인 가구가 꾸준히 늘고 있다. 서울의

가구 유형 변화 (단위 : 가구)

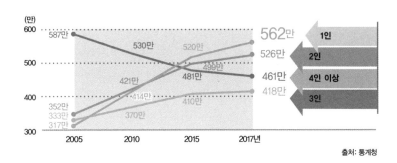

출처: 통계청

경우 2018년 기준 1~2인 가구 수가 전체의 54%를 차지하고 있다. 결론적으로 말하면 늦은 결혼, 핵가족화 및 고령화로 인하여 4인 이상의 가족은 줄고 혼자 혹은 둘이 사는 가구가 급증했다는 이야기다. 핵가족화가 지속될수록 주택 수요는 꾸준히 증가할 것이라는 명제가 성립한다. 이들 1~2인 가구 대다수는 미혼 남성과 여성, 그리고 아이를 낳지 않는 부부, 자녀를 출가시킨 노부부, 결혼 후 다시 싱글로 돌아온 남성과 여성 정도일 것이다.

그렇다면 1~2인 가구가 선호하는 주거지의 특징을 몇 가지 살펴보자.

첫 번째, 소형 평수의 아파트나 주택.

두 번째, 직장과 가까운 곳.

세 번째, 교통이 편리한 역세권.

네 번째, 병원이나 마트 편의시설과 가까운 곳.

아쉽게도 1~2인 가구에 학군이란 변수는 크게 중요하지 않다. 청년층의 경우 직장과 가까운 곳, 중년층의 경우 자녀의 학군, 노인층의 경우 자녀의 주거지 및 병원, 마트가 가까운 곳이 중요한 주거지 선택의 기준이 된다.

어떤 집을 사야 할까?(8가지 선택 기준)

주택 매입에 앞서 우리는 두 가지 핵심 질문을 던질 필요가 있다.
'집을 사야 한다면 어떤 집을 사야 할까?'
'향후 집값은 어떻게 될 것일까?'
나는 집값이 가구수가 증가하는 한 상승하겠지만 지역의 차이가 극명하게 나타나리라고 예측한다. 수요는 많으나 공급이 어려운 강남은 여전히 집값이 올라갈 가능성이 크다. 또한 강북의 역세권, 그리고 수도권과 가까운 신도시들은 여전히 매력적이다. 다만 주거 형태가 많이 변했기 때문에 역세권 중심의 소형 평수 아파트와 오피스텔 인기가 오를 것이다.
이들 주거지의 핵심은 세대가 많으면서도 상권이 잘 형성되어 있고 전철역과 가까우며 대형 병원이나 대형 마트가 입점해있는 곳이다. 그리고 고령화되는 인구를 고려하면 언덕이 있는 높은 곳에 있는 주거지가 아닌 역과 가까운 평지여야 한다. 향후 가격이 올라갈 수 있는 집을 어떻게 골라야 할까 고심하고 있다면 다음의 8가지의 키워드를 기억하자.

1. 아파트
2. 대단지
3. 역세권
4. 소형 평수
5. 마트
6. 병원
7. 평지
8. 학교

실제로 아파트에 비해 다세대, 다가구의 주택 가격 상승률은 현저히 떨어진다. 주택도 빌라나 단독주택보다는 상권이 생길 수 있는 충분한 세대수를 갖춘 아파트가 대세일 수밖에 없다. 이미 우리보다 20년 먼저 고령화를 겪은 일본을 봐도 상권이 사라진 주거지는 주택 가격이 급격하게 하락하는 경우가 대다수이다. 인구 밀집도가 낮다는 것은 상권이 들어서기 어려운 입지가되고 이런 경우 다른 주거지보다 편의성이 크게 떨어질 수밖에 없다. 복잡해도 가구 수가 많은 아파트 대단지 주변에 대형 마트, 대형 병원 등 편익 시설이 많을 수밖에 없다.

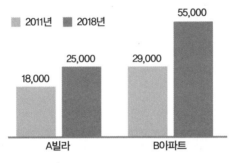

서울 역촌동 빌라·아파트 가격비교

(단위 = 만 원)

■ 2011년 ■ 2018년

A빌라: 18,000 / 25,000
B아파트: 29,000 / 55,000

※ 84m² 기준.   출처: 국토교통부·역촌동중개사무소

서울에 사는 40대 초반 A씨는 7년 전 서울 은평구 역촌역 인근에 위치한 84m²형 새 빌라를 1억 8,000만 원에 매수했다. 현재 시세는 2억 원대 중반. 7년간 각종 대출이자·기회비용을 고려하면 손해를 본 셈이다. 팔고 싶어도 살 사람이 없어 애물단지가 되고 말았다. 반면 7년 전 2억 9,000만 원이던 인근 비슷한 크기의 18년 차 아파트는 현재 실거래 가격이 5억 5,000만 원으로 두 배 가까이 뛰었다. A씨는 "지금이라도 평수를 조금 줄이고 대출을 받아 아파트로 옮기려고 알아봤지만 빌라 자체가 잘 매매되지 않아 은행에서 담보대출까지 안 해주려 한다"며 울상을 지었다.

상가, 오피스텔, 원룸 투자 시 주의사항

저금리 여파로 은퇴 이후 꿈같은 삶을 누리기가 어려워졌다. 그럴수록 각광받는 것은 아무래도 수익형 부동산이다. 매월 일정한 금액의 수입을 올릴 수 있기 때문이다. 아파트, 상가, 오피스텔, 원룸 등 다양한 형태의 수익형 부동산에 투자해서 은행 금리 이상의 수익을 안정적으로 올리고자 하는 사람들이 많아졌다. 이런 수요는 앞으로도 계속될 텐데, 아이러니하게 수익률이 높은 부동산은 그만큼 가격이 상승해서 부동산 매물로 잘 나오지 않는다. 시중에 나와 있는 수익형 부동산의 평균 수익률은 연 5~6% 정도이다. 수익형 부동산은 아파트와 달리 잘못 구입하면 매매가 쉽지가 않고 애물단지로 전락할 가능성이 높아 구입 시 신중을 기해야 한다. 무엇보다 발품을 파는 게 중요한데, 수익형 부동산을 구매할 때 고려해야 할 몇 가지 주의점이 있다.

첫째, 상가의 경우 상권 분석이 필수이다. 신도시에 들어서는 상가는 준공되기도 전에 분양을 시작해서 더욱 철저한 상권 분석이 필요하다. 아직 상권 자체가 형성되지 않았기 때문이다. 상가 투자에서 가장 주의해야 할 것은 공실 리스크이다. 따라서 상가 투자는 가급적이면 비싸도 공실 리스크가 적은 역세권 1층 상가가 좋다. 신축 상가보다 재건축이나 재개발에 따른 실익이 생길 수 있는 오래된 상가 투자도 바람직하다. 이런 상가는 대다수가 역세권에 위치하고 있으면서 1~3층짜리 20~30년 이상 된 건물을 고르면 된다. 이때 고려할 것은 유동 인구인데, 출퇴근 시 도보로 이동하는 인구가 많은 곳에 지어진 상가가 유리하다. 이런 상가 중 호별로 분양된 물건이 있다면 생각보다 비싸지 않은 금액으로 구매가 가능하고 임대수익 뿐 아니라 재개발이나 재건축에 따른 매매 차익도 동시에 챙길 수 있다.

둘째, 오피스텔은 주변 여건을 잘 살펴보며 찾아야 한다. 주변이 확장성을 지닌 신도시라면 신규 오피스텔이 분양될 때 기존 오피스텔은 공실이 생기면서 임대 수익이 낮아질 가능성이 있다. 오피스텔은 아파트에 비해 가격이 오르지 않아 임대 수익을 노리는 사람들에게 적합하다. 오피스텔의 임대 수익률은 상가나 오피스보다 1%정도 높다(2019년 6월 기준 5.46%). 다만 입지를 선정할 때는 수도권에서 더 이상 확장성이 없는 곳에 위치한 오피스텔을 구매하는 것이 좋다. 특히 직장과 상권이 밀집되어 있는 역세권 중심으로 구매하는 것이 좋다. 주거용 오피스텔의 경우는 직장이 밀집되어 있으면 다른 곳에 비해 공실 리스크가 훨씬 줄어든다.

셋째, 원룸은 1~2인 가구 급증에 따라 수요가 많이 늘고 있다. 요즘은 주거용 오피스텔과 마찬가지로 풀옵션(인덕션, 에어컨, 세탁기 등)을 갖춘 원룸이 대거 나오고 있다. 이 가운데 복층 원룸, 미니 투룸 같은 1인 가구가 선호하는 구조가 인기를 끌고 있다. 원룸 임대는 아파트 및 오피스텔과 달리 임대 관리에 따른 별도 비용을 고려해야 한다. 예를 들어, 주택의 하자 보수, 빈번한 임대차 계약, 밀린 월세 관리, 건물 청소, 임차인 등의 민원응대, 화재 보험 가입 등 생각보다 많은 시간과 비용이 들기 때문이다. 최근에는 별도의 원룸 임대 관리를 하는 업체들의 도움을 받고 있는 사례가 늘고 있는데, 이 비용을 반드시 고려해서 임대 수익률을 계산해야 한다. 실제로 아파트나 오피스텔과 달리 원룸은 관리 시간 및 비용이 많이 들어 은퇴한 노부부가 관리하기 쉽지 않다. 안정된 현금의 흐름을 확보하고 노후 걱정을 해야 하는 사람들이라면 원룸 투자는 신중해야 한다.

일반적으로 임대 수익률을 계산할 때는 연간 관리비를 따지지 않는다. 원룸은 별도의 관리비용(세금도 포함)을 반드시 고려해서 다음과 같이 계산을 해야 한다.

$$\text{임대수익율} \;=\; \frac{(\text{월세} \times 12) - \text{연간관리비} - \text{세금}}{\text{투자원금}(\text{매입가} - \text{보증금})} \times 100$$

주택청약종합저축 가입은 어릴 적부터

주택청약종합저축은 주택 구입을 위한 첫걸음이다. 주택 청약 가점에는 무주택 기간, 주택청약종합저축 가입 기간, 부양가족 수 등 세 가지 기준이 있다. 이 중에 가입 기간 가점이 최대 17점(가입 기간 15년 이상)이라서 미리 가입하는 게 유리하다. 따라서 아이가 태어나면 10세를 전후해서 반드시 청약통장을 가입시켜줄 것을 권한다. 가입 금액은 2만 원으로 설정해도 괜찮다. 저축 기간이 앞으로 많이 남아있기 때문이다. 청약통장을 가지고 있으면 언제든 한번은 써먹을 수 있다. 이왕이면 자녀가 어릴 적부터 가입해 저축과 동시에 내 집 마련을 할 수 있는 가점을 미리 챙겨주자. 더불어 만 19세 이상~34세 이하에 연 소득 3천만 원 이하의 무주택 세대주나 세대원이라면 청년우대형 주택청약종합저축에 가입할 수 있다.

청년우대형 주택청약종합저축은 기존 주택청약종합저축의 혜택을 그대로 가져가면서 추가 우대 금리 및 비과세 혜택을 받을 수 있는 일석이조의 금융상품이다. 따라서 해당 조건이 되면 주택청약종합저축보다 청년우대형 주택청약종합저축에 가입하거

청년우대형 청약종합저축 가입조건 및 금리현황(2019년 9월 기준)

구분	가입조건
나이	만 19세 이상 ~ 만 34세 이하 청년 (병역증명서에 의한 병역 이행기간이 증명되는 경우 현재 연령에서 병역 이행기간(최대 6년)을 빼고 계산한 연령이 만 34세 이하인 사람 포함)
소득	직전년도 신고소득이 있는 자로 연소득 3천만 원 이하(근로, 사업, 기타소득자에 한함) (1년 미만으로 직선년도 신고소득이 없는 경우 근로소득자에 한해 급여명세표 등으로 연소득 환산) · 이자소득 비과세 대상 소득기준은 일부 상이(하단 참조)
주택여부	① 본인이 무주택인 세대주 ② 본인이 무주택이며 가입 후 3년 내 세대주 예정자 ③ 무주택세대의 세대원 ※ 다만 ①, ②의 세대주는 3개월 이상 유지하여야 함 · 이자소득 비과세 대상 무주택 기준은 상이(하단 참조)

구분	1개월 이내	1개월 초과 ~ 1년 미만	1년 이상 ~ 2년 미만	2년 이상 ~ 10년 이내	10년 초과 시부터
일반 주택청약 종합저축 이자율	무이자	연 1.0%	연 1.5%	연 1.8%	연 1.8%
청년우대형, 주택청약종합저축 이자율	무이자	연 2.5%	연 3.0%	연 3.3%	연 1.8%

나 기존 주택청약종합저축을 청년우대형으로 전환하는 것이 유리하다(2021년 12월까지만 가입 가능). 가입조건은 아래와 같다.

주택청약종합저축 총정리(2019년 9월 기준)

구분	내용		
1. 월납부액	2만원~50만원		
2. 이자율	1년미만 유지시 1.0%	2년미만 유지시 1.5%	2년이상 유지시 1.8%
3. 소득공제	연간 최대 240만원의 40%인 96만원까지 소득공제가능(월20만원 납부)		무주택세대주에 한함
4. 청약 1순위 조건	**국민주택**	**민영주택**	

국민주택	민영주택
1. 청약통장 가입기간 2년이상(청약통장 납입횟수 24회 이상) 2. 신청자는 무주택 세대주이어야 한다. 3. 세대원중 5년이내 다른 주택에 당첨된 사실이 없어야 함 4. 모집공고주택의 해당시에 1년이상 거주해야 함	1. 청약통장 가입기간 2년 이상 2. 등본상 세대주여야 함 3. 1주택자도 신청가능 함 4. 세대원 중 5년이내 당첨사실이 없어야 함 5. 해당시에 1년이상 거주해야 함 6. 주택의 전용면적과 지역에 따른 예치금이 있어야 함

전용면적	지역		
	특별시 광역시를 제외한 지역	그 외 광역시	특별시 및 부산 광역시
85㎡ 이하	200	250	300
102㎡ 이하	300	400	600
135㎡ 이하	400	700	1000
모든면적	500	1000	1500

	무주택기간 최대 32점	통장가입기간 최대 17점	부양가족수 최대 35점	총 84점 만점		
5. 청약 가점제 및 점수 계산	가점 항목	가점 구분	점수	가점 구분	점수	
	①무주택 기간 (32점)	1년미만	2	8년미만 ~ 9년미만	18	
		1년미만 ~ 2년미만	4	9년미만 ~ 10년미만	20	
		2년미만 ~ 3년미만	6	10년미만 ~ 11년미만	22	
		3년미만 ~ 4년미만	8	11년미만 ~ 12년미만	24	
		4년미만 ~ 5년미만	10	12년미만 ~ 13년미만	26	
		5년미만 ~ 6년미만	12	13년미만 ~ 14년미만	28	
		6년미만 ~ 7년미만	14	14년미만 ~ 15년미만	30	
		7년미만 ~ 8년미만	16	15년이상	32	
	②부양가족 수 (35점)	0명	5	4명	25	
		1명	10	5명	30	
		2명	15	6명이상	35	
		3명	20			
	③청약저축 가입기간 (17점)	6개월미만	1	8년이상 ~ 9년미만	10	
		6개월이상 ~ 1년미만	2	9년이상 ~ 10년미만	11	
		1년이상 ~ 2년미만	3	10년이상 ~ 11년미만	12	
		2년이상 ~ 3년미만	4	11년이상 ~ 12년미만	13	
		3년이상 ~ 4년미만	5	12년이상 ~ 13년미만	14	
		4년이상 ~ 5년미만	6	13년이상 ~ 14년미만	15	
		5년이상 ~ 6년미만	7	14년이상 ~ 15년미만	16	
		6년이상 ~ 7년미만	8	15년이상	17	
		7년이상 ~ 8년미만	9			
	④감점	2주택 이상 소유한 세대는 1순위 청약이 제한되고, 2순위에서 가점제로 신청할 경우 각각의 주택마다 5점씩 감점처리 60세 이상 직계존속이 2주택 이상 소유한 경우는 1주택 초과시마다 5점씩 감점처리				
		본인 청약가점 점수(①+②+③+④)= 점				

부동산 정보는 어디서 얻는가?

　맞벌이하는 세대나 일상이 바쁜 직장인들은 알짜배기 분양 정보나 돈이 되는 부동산 정보에 어두울 수밖에 없다. 실제로 아파트를 포함한 부동산 투자로 이익을 본 사람들은 맞벌이보다 외벌이가 많고 아내의 정보력이 큰 역할을 하는 경우가 많다. 직장인들의 경우 아파트 청약 정보나 매매 관련 정보에도 취약할 수밖에 없는데, 미리 설치해 놓으면 도움을 받을 수 있는 부동산 관련 어플리케이션 몇 가지를 정리해보았다.

1. 청약 관련 알림 어플리케이션 (분양알리미, APT2you, LH청약센터)

2. 아파트 실거래가 (호갱노노, 네이버부동산, 부동산114)

3. 수익형 부동산 실거래가 (부동산플래닛, 다방, 직방)

4. 부동산 경매 (경매알리미, 지지옥션)

5. 토지 관련 (디스코, 밸류맵)

청약 관련 알림 어플리케이션(분양알리미, APT2you, LH청약센터)

4장

은퇴 후의 삶은
머라밸의 동력

Money Life Balance

막상 은퇴하게 되면 수입이 줄고 보험료 지출에
부담이 생길 수밖에 없다. 게다가 보험 혜택을 가장 많이
받아야 할 시기가 된다. 만약 이 시기에 보험에 가입하려 한다면
생각보다 비싼 보험료와 수많은 거절 사유(그동안 한두 가지 아픈 곳
이 생길 확률이 높다)를 이겨내야만 한다. 그래서 은퇴 이후에 보험
에 가입한다는 것은 생각처럼 쉽지 않다.

당신의 노후를 위한
보험점검 방법

이런 이유로 우리는 은퇴 전에 내가 가입한 보험이 제값을 할
지 점검해봐야 한다. 보험의 종류는 너무 많고 복잡하다. 여기에
서는 보험 점검을 위한 몇 가지 기준과 방법 정도만 제시하려고
한다.

보험에는 납입 기간과 보장 기간이 있다. 예를 들어, 10년납 80세 만기라면 납입 기간은 10년이고 보장 기간은 80세라는 이야기이다. 여기서 우리는 납입 기간을 꼭 점검해봐야 한다. 소득이 끊기는 시점인 은퇴 이후(현재 60세 이후)에는 납입 능력이 현저하게 떨어지기 때문이다. 야속하게도 대다수 보험은 2달 이상 납입하지 않으면 보험의 효력을 상실한다. 그래서 본인이 가입한 보험들의 납입 기간이 앞으로 얼마나 남았으며, 얼마를 더 내야하는지 꼭 계산해봐야 한다.

보험 상품에는 갱신형과 비갱신형이 있다. 전자는 보험료가 저렴한 대신 일정 기간 이후 갱신할 때마다 보험료가 올라가는 구조이고, 후자는 보험료가 비싼 대신 동일한 보험료를 일정 기간만 납부하는 구조이다. 예를 들어, 똑같은 암보험에도 15년 갱신형 상품이 있고 20년납 100세 만기 비갱신형 상품이 있다. 만약에 대다수 보험 상품이 갱신형이라면 보장을 받는 기간 내내 갱신할 때마다 높아진 보험료를 내야만 한다. 예를 들어, 45세에 15년 갱신형 암보험 5만 원짜리를 가입했다면 60세 시점에서는 10만 원을, 75세 시점에서는 20만 원을 낼 수도 있다는 말이다.(갱신형 보험료는 구성된 담보에 따라서 달라질 수 있다) 이상적인 갱신형 상품과 비갱신형 상품의 비율은 보험료구성비로 3대 7정도이다.

3. 실손의료비는 반드시 가입해라.

직장인의 경우 직장에서 복리후생으로 단체 실손의료비보험에 가입시켜준 경우 개인 실손보험은 중복보장이라 생각해 가입하지 않는 경우가 더러 있다. 이런 때는 반드시 직장 실손보험의 가입금액을 확인해봐야 한다. 현재 개인 실손의료비보험의 경우 입원 의료비가 5천만 원인데 비해 단체 실손보험은 1천만~3천만 원이 대다수이다. 게다가 은퇴 이후에는 불가피하게 본인이 실손의료비보험에 가입해야 하는데 이런 경우 기왕력(아팠던 경험)을 이유로 가입이 거절되거나 가입을 하더라도 보험료가 비싼 유병자 실손보험에 가입해야 한다. 따라서 개인 실손의료비보험은 젊은 시절 꼭 하나씩 가입해야 한다. 현재 40세 남자 기준으로 매월 2만 원 미만의 보험료로 단독 실손상품에 가입할 수 있으니 보험사에 문의해 가입하면 된다.

4. 암·심·뇌(3대 진단금) 보험은 필수이다.

우리나라 사망 원인 1~3위는 암, 심혈관 질환, 뇌혈관 질환이다. 이 3대 질환은 치료비가 비쌀 뿐 아니라 투병으로 인해 경제활동이 어려워지기 쉽고 사망으로 이어질 확률이 높다. 그리고 향후에도 지속적인 치료가 필요하기 때문에 반드시 건강할 때 대비해야 한다. 암은 일반암 기준으로 가입 금액과 보장 기간을 점검해봐야 하고, 심·뇌혈관 질환은 가입 금액과 보장 기간을 점검하는 동시에 보장 범위도 반드시 점검해봐야 한다. 뇌출혈 담보는 전체 뇌혈관 질환 중 9%에 해당하는 질환이고, 급성심근경색은 심장질환 중 9%에 해당한다. 뇌출혈 및 급성심근경색증의 경우 진단금이 3천만 원 있더라도 보장하는 범위가 전체 심·뇌혈관 질환의 10% 수준이므로 충분한 보장이 되기 어렵다. 따라서 암·심·뇌 보험은 보장금액, 보장 기간, 보장 범위 3가지를 꼭 점검해야 한다.

심뇌혈관 진단금의 보장 범위

5. 납입 면제 기능을 점검해라

보험마다 다르지만 아플 때(암 진단, 뇌졸중 진단, 급성심근경색 진단, 말기 간질환, 말기 폐질환, 말기 신부전, 후유 장해 80% 이상 등) 보험금 납입을 면제하고 보장을 지속해주는 상품이 있다. 물론 납입 면제의 조건이 있는 상품은 납입 면제 조건이 없는 상품에 비해 보험료가 다소 비싸다.(10% 내외) 그래도 납입 면제 조건이 좋은 상품의 선택은 매우 중요하다. 실제로 암 환자의 경우 10명 중 8명이 통계적으로 암 치료를 이유로 실직을 하기 때문이다. 따라서 이렇게 중대한 질병이나 사고로 보험료 납입 여력이 부족한 개인에게 보험료 납입은 정말 큰 부담이 될 수 있다. 아플 때도 보험료를 내야 하는 보험인지, 아니면 향후 보험료 납입이 면제되는 보험인지를 꼭 살펴볼 필요가 있다.

가성비 보험 가입하기

가성비 보험은 보험료 대비 보장이 좋은 상품을 뜻한다. 보험은 보장 기간, 보장 범위, 보장금액, 납입 기간에 따라 보험료가 달라진다. 가능하다면 납입 기간은 짧게 보장 기간은 길게 보장범위는 넓게 보장금액은 크게 하는 게 정답이겠지만, 그렇게 하기엔 보험료가 과중해질 수밖에 없다. 그래서 다음의 4가지 요소를 조합해 나만의 가성비 보험을 만드는 방법을 몇 가지 소개한다.

1. 보장 기간

보장 기간은 대표적으로 80세 만기, 90세 만기, 100세 만기 상품이 있다.

대다수가 100세 만기를 선호하지만 그러기엔 보험료 부담이 크다. 또 80세는 저렴하지만 보장 기간이 짧은 게 사실이다. 그래서 90세 만기를 추천한다.

2. 보장 범위

보장 범위는 가장 중요한 3대 진단금 중심으로 봐야 한다. 첫 번째, 암 보장은 일반암-특정암-유사암 순서로 보자. 일반암은 보험사가 거의 동일하므로 비교를 안 해봐도 된다(단, 대장점막내암이 일반암인지 유사암인지 확인해보자. 대장점막내암이 일반암인 상품이 유리하다). 특정암은 고액암으로 불리기도 하는데 범위가 천차만별이다. 기본적으로 뇌암, 백혈병, 골수암을 보장하면서 식도암, 췌장암을 추가로 보장하는데 여기에 간, 폐, 담낭까지 보장하는지 꼭 확인해보자. 마지막으로 유사암은 일반암 대비 10~20%를 지급하는 상품이나 최근에는 단독으로 가입이 가능해 보장 금액의 100%를 지급한다. 기본적으로 경계성 종양, 기타 피부암, 제자리암, 갑상샘암 4가지인데 여기에 대장점막내암과 비침습방광암이 포함되는지 확인해봐야 한다(대장점막내암과 비침습방광암은 유사암이 아닌 일반암으로 보장하는 회사상품이 보장 금액 측면에서 유리하다). 그래서 유사암은 범위뿐 아니라 보장 금액이 더 중요하다.

두 번째, 뇌혈관 질환은 뇌출혈, 뇌졸중, 뇌혈관 질환 순으로 보장이 커진다. 그럼으로 최소한 뇌졸중 이상 담보인지 확인해봐야 한다. 그리고 최초 1회로 제한되는 진단금 뿐 아니라 반복

지급하는 수술비도 있는지 꼭 확인해봐야 한다.

세 번째, 심혈관 질환은 급성심근경색, 허혈성심장질환, 심장질환 순으로 보장이 커진다. 허혈성심장질환 이상의 보장을 노려 가입하는 게 바람직하며 심혈관질환 또한 진단금 외 수술비 담보가 필수이다.

3. 보장 금액

보장 금액은 개인별로 처한 환경이나 니즈에 따라 달라질 수밖에 없다. 그러나 평균적으로 이 정도의 보장은 준비해야 한다는 기준으로 중요한 담보에 대한 보장 금액을 정리하면 다음과 같다.

구분	담보명	가입금액 (천 원)	비고
사망보장	상해(재해) 사망	100,000	
	질병(일반) 사망	100,000	생계를 책임지는 가장이 필요
후유장해	상해후유장해	100,000	
	질병후유장해	50,000	
3대 진단금	일반암진단	30,000	최초 1회한
	유사암진단	10,000	최초 1회한
	특정암진단	50,000	최초 1회한
	재진단암진단	20,000	2년마다 반복지급 가능
	뇌혈관진단	20,000	최초 1회한
	허혈성심장진단	20,000	최초 1회한
수술비	질병수술	500	
	상해수술	500	
	상해수술(1~5종)	10,000	
	질병수술(1~5종)	10,000	
	암수술	3,000	
	2대질환(심·뇌)수술	20,000	

구분	담보명	가입금액 (천 원)	비고
입원일당	상해입원일당	50	수술, 종합병원, 1~60일로 한정시 보험료 절약
	질병입원일당	50	
배상책임	일상생활배상	100,000	자기부담금 20만원 수준
기타 진단금	골절진단금	500	
	화상진단금	500	
	말기폐질환	20,000	
	말기간경화	20,000	
	말기신부전	20,000	

4. 납입 기간

보험료를 조절하는 데 가장 큰 몫을 하는 것이 바로 납입 기간
이다. 보험료를 납입하는 방법에는 보장 기간 내내 납입하는 갱
신형 상품과 일정 기간만 보험료를 미리 납부하는 비갱신형 상
품이 있다. 갱신형과 비갱신형 상품의 장단점을 비교해보면 다
음과 같다.

구분	장점	단점	비고
갱신형	가입 시점 보험료 저렴	보장기간 동안 올라간 보험료 납부	
비갱신 형	보험료가 오르지 않음	가입 시점 보험료가 비쌈	

따라서 가성비의 보험을 만들려면 비갱신형 상품과 갱신형을
적절하게 잘 조합해야 한다. 보험료의 구성비로 비교할 때 이상
적인 비율은 비갱신형 7, 갱신형 3 정도이다.

처음 가입 시에는 갱신형 상품이 비갱신형에 비해 많게는 1/10

수준으로 보험료가 저렴하지만 약정한 기간이 지나면 보험료가 올라가고(3년 갱신, 5년 갱신, 10년 갱신, 15년 갱신, 20년 갱신, 30년 갱신) 100세까지 보장보험료를 모두 더하면 비갱신형 보험에 비해 적게는 3배 많게는 5배 정도 보험료가 비싸다는 것을 알 수 있다. 따라서 보험을 만기까지 유지한다고 가정할 때는 갱신형 상품이 오히려 보험료 측면에서는 불리하고, 비갱신형 상품이 더 유리하다. 물론 가입 후 만기까지 가지 않고 5년, 10년만 보장받겠다고 하면 당연히 갱신형이 저렴하다. 그래서 갱신형 상품으로 저렴하게 보험을 가입하게 되면 이후 갱신하지 말아야 하는 아이러니가 발생하게 된다. 따라서 중요한 기초보장은 비갱신형으로 가입하고 추가적인 보장은 갱신형으로 가입하는 보험 쪼개기(비갱신+갱신)가 현명한 대안이 될 수 있다. 또 보험을 가입할 때 1만 원이 넘어가는 담보들(암 진단, 뇌혈관 진단, 허혈성심장 진단, 질병일당, 질병 사망 등)은 비갱신형과 갱신형을 섞는 전략이 더욱 필요하다.

보험 쪼개기 가입설계 샘플

· 위험보장 및 보험금 지급내용

담보명 및 보장내용	납기만기	가입금액	보험료 (원)
1. 기본계약(암진단Ⅱ(유사암제외)) -보장개시일 이후 '암'('소액암', '유사암' 제외)으로 진단확정된 경우 암진단Ⅱ(유사암제외) 가입금액 지급**(최초1회한)** -보장개시일 이후 '소액암'으로 진단확정된 경우 암진단Ⅱ(유사암제외) 가입금액 지급**(최초1회한)** (단, 최초계약일부터 1년미만 상기금액의 50%)	20년납 100세만기	1천만원	21,231
2. 기본계약(암진단Ⅱ(소액암및유사암제외)) 보장개시일 이후 '암'('소액암', '유사암'제외)으로 진단 확정된 경우 암진단Ⅱ(소액암 및 유사암제외)가입금액 지급**(최초1회한)**	20년납 100세만기	1천만원	19,161
3. 기본계약(재진단암진단 Ⅱ) 재진단암 보장개시일 이후 '재진단암'('기타피부암', '갑상선암', '전립선암' 제외)으로 진단확정된 경우 재진단암진단Ⅱ 가입금액 지급	20년납 100세만기	1천만원	28,806
4. 유사암진단 Ⅱ 담보 기타피부암, 갑상선암, 제자리암 및 경계성종양으로 진단 확정된 경우 가입금액 지급**(각각 최초1회한)** (단, 최초계약일부터 1년미만 상기금액의 50%)	20년납 100세만기	1천만원	2,280
5. 상해후유장해(80%이상)담보 상해로 장해지급률이 80% 이상에 해당하는 장해상태가 된 경우 가입금액 지급**(최초1회한)**	20년납 100세만기	1천만원	74
6. 질병후유장해(80%이상)담보 질병으로 장해지급률이 80% 이상에 해당하는 장해상태가 된 경우 가입금액 지급**(최초1회한)**	20년납 100세만기	1천만원	2,201

· 위험보장 및 보험금 지급내용

담보명 및 보장내용	납기만기	가입금액	보험료(원)
1. 기본계약(암진단 II (유사암제외)) –보장개시일 이후 '암'('소액암', '유사암' 제외)으로 진단확정된 경우 암진단 II(유사암제외)가입금액 지급(**최초1회한**) –보장개시일 이후 '소액암'으로 진단확정된 경우 암진단 II(유사암제외)가입금액 지급(**최초1회한**) (단, 최초계약일부터 1년미만 상기금액의 50%)	20년납 20년만기 갱신(최대 100세)	1천만원	4,650
2. 기본계약(암진단 II (소액암및유사암제외)) 보장개시일 이후 '암'('소액암', '유사암' 제외)으로 진단 확정된 경우 암진단 II(소액암및유사암제외)가입금액 지급(**최초 1회한**)	20년납 20년만기 갱신(최대 100세)	1천만원	4,364
3. 기본계약(재진단암진단 II) 재진단암 보장개시일 이후 '재진단암'('기타피부암', '갑상선암', '전립선암' 제외)으로 진단확정된 경우 재진단암진단 II 가입금액 지급	20년납 20년만기 갱신(최대 100세)	1천만원	5,361
4. 유사암진단 II 담보 기타피부암, 갑상선암, 제자리암 및 경계성종양으로 진단 확정된 경우 가입금액 지급(**각각 최초 1회한**) (단, 최초계약일부터 1년미만 상기금액의 50%)	20년납 20년만기 갱신(최대 100세)	1천만원	600
5. 상해후유장해(80%이상)담보 상해로 장해지급률이 80% 이상에 해당하는 장해상태가 된 경우 가입금액 지급(**최초 1회한**)	20년납 20년만기 갱신(최대 100세)	1천만원	36
6. 질병후유장해(80%이상)담보 질병으로 장해지급률이 80% 이상에 해당하는 장해상태가 된 경우 가입금액 지급(**최초 1회한**)	20년납 20년만기 갱신(최대 100세)	1천만원	137

[비갱신형 암보험 75,000원(20년납 100세 만기)과 갱신형 암보험 20,000원(20년 갱신형)으로 보험 쪼개기... 40세 남성 기준, 직업급수 1급 기준]

비갱신형으로만 가입할 경우 보험료는 150,000원으로 보험 쪼개기를 할 경우 95,000원 (75,000원+20,000원)으로 보험료 55,000원을 절약할 수 있다.

연령별 보장 포트폴리오 만들기

연령별로 어떤 보장이 필요한지는 각자의 니즈와 형편에 따라 다를 수 있지만, 공통으로 필요한 보장은 존재한다.

연령	중요보장	필요보장	비고
20대 이하	실손의료비, 치아보장	암보장, 후유장해, 수술비, 일당	치아보장 필요
30대	실손의료비, 암보장, 사망보장	2대질환(뇌, 심), 후유장해, 수술비, 일당	운전자보장 필요
40대	실손의료비, 암보장, 사망보장, 2대질환(뇌, 심)	후유장해, 수술비, 일당	3대질환 중요
50대	실손의료비, 암보장, 사망보장, 2대질환(뇌, 심), 간병비	후유장해, 수술비, 일당	간병보장 필요
60대 이상	실손의료비, 암보장, 2대질환(뇌, 심), 간병비	후유장해, 수술비, 일당	간병보장 필요

구분	20대 이하	30대	40대	50대	60대 이상	비고
실손의료비	중요	중요	중요	중요	중요	
암보장	필요	중요	중요	중요	중요	
2대질환		필요	중요	중요	중요	
간병비				중요	중요	
수술비/입원일당	필요	필요	필요	필요	필요	
후유장해	필요	필요	필요	필요	필요	
사망보장		중요	중요	중요		
운전자보장		필요				
치아보장	중요					

중요보장　　　필요보장

먼저 모든 연령대에 꼭 필요한 보장은 기본적으로 실손의료비 보장이다. 상해·질병 각각 입원 5천만 원, 통원 30만 원을 보장해주는 상품이며 보장의 영역도 넓고, 반복되어 보장되는 장점이 있기 때문이다. 실손의료비보험은 모든 상품이 갱신형(1년, 3년, 5년)

이라서 보험료도 생각보다 저렴하다. 현재는 단독실손의료비보험만 별도로 판매되며 모두가 1년 갱신형 보험이다. 그리고 30대가 되어서 생계를 책임지는 가장은 사망 보장이 필요하게 된다. 사망 보장은 첫아이가 출생해서 막내가 결혼할 때까지 보통 30~35년 정도 필요하다. 그리고 40대가 되면 3대 질환(암·심·뇌)에 대한 니즈가 가장 커지는 시기인데, 이때부터 3대 질환에 대한 위험이 급속도로 증가하기 때문이다. 50대가 되면 노후에 발생하는 치매를 포함해 뇌혈관 질환이나 후유 장해로 인한 간병에 대한 보장이 필요하다. 특히, 여성의 경우 남성보다 치매 발병 확률이 2배 정도 높기에 더욱 필요한 보장이다.

실손의료비로는 충분하지 않은 이유

실손의료비보험은 입원 5천만 원, 통원 30만 원(외래 25만, 약제 5만) 한도로 보장해주는 보험이다. 물론 10~20%의 자기부담금이 있지만, 연간 200만 원이 넘어가면 그 초과 금액은 보상해준다. 또한 입원 시 상급 병실을 이용할 경우 기준 병실과의 차액 50%도 보상해준다(하루 10만 원 한도). 또한 통원 시에도 1만~2만 원을 제외하고 25만 원까지 보상해주고(1년간 180회 한도) 약제비도 8천 원을 제외하고 5만 원까지 보상한다. 이런 보장에도 불구하고 실손의료비보험만으로 충분하지 않은 이유는 다음과 같다.

특약구분	한도	본인부담금
질병입원의료비	5,000만 원	급여 10%, 비급여 20%
질병외래의료비	25만 원	1~2만 원 또는 급여 10%, 비급여 20% / 180회
질병약제의료비	5만 원	8천 원 또는 급여 10%, 비급여 20% / 180회
상해입원의료비	5,000만 원	급여 10%, 비급여 20%
상해외래의료비	25만 원	1~2만 원 또는 급여 10%, 비급여 20% / 180회
상해약제의료비	5만 원	8천 원 또는 급여 10%, 비급여 20% / 180회
비급여 도수치료	350만 원	2만 원 또는 30% / 50회
비급여 주사제	250만 원	2만 원 또는 30% / 50회
비급여 MRI	300만 원	2만 원 또는 30%

1. 실손의료비보험은 모든 상품이 갱신형(1년, 3년, 5년)으로 보장을 받기 위해서는 죽을 때까지 보험료를 내야한다.

2. 실손의료비 보험료는 갱신 시 생각보다 많이 올라간다.

3. 가장 중요한 것은 은퇴 이후 보험료 납입 여력이다(이 시기가 가장 많은 혜택을 봐야 하지만 보험료는 가장 비싼 시기가 된다).

4. 중대한 질병이나 상해로 인한 소득 보상 자금(생활비) 보장은 없다.

5. 고가의 항암제 투약 시 보장이 안 된다(통원 시 약제비는 1일 5만 원 한도).

당신의 보험은 단계별로 보험금이 나옵니까?

보험은 똑같은 상품도 누가 어떻게 설계하느냐에 따라 상품이 완전히 달라진다. 그래서 가입자의 정보를 제대로 파악해서 설계해 제안하는 게 중요하다. 그런데 보험사나 대형대리점에 소속된 설계사들은 상품을 판매할 때 본인들 입장에서 설명하거나 이야기하는 사례가 더러 있다. 이런 경우 내가 가입할 보험이 괜찮은 상품인지 판단할 수 있는 좋은 질문이 '치료단계별로 보험금이 나오느냐?'라는 질문이다.

우리는 아프거나 다치게 되면 진단-수술-입원-후유장해-간병-사망의 순서를 밟게 된다.

우리가 가입한 보험이 '어느 한 부분에만 치중되어 있는 보험이 아닌가? 모든 각 치료의 단계마다 보험금이 지급되는가?'를 꼭 물어봐야 한다.

3대 진단금의 경우 다음과 같은 질문으로 얼마의 보험금이 나오는지 따져보면 된다.

1. 간암의 경우 보험금이 단계별로 얼마나 나오나요? (남자)
2. 유방암의 경우 보험금이 단계별로 얼마나 나오나요? (여자)
3. 대뇌동맥류(질병코드 167.1)의 경우 보험금이 단계별로 얼마나 나오나요?
4. 협심증(질병코드 I20)의 경우 보험금이 단계별로 얼마나 나오나요?

실제로 위 4번의 협심증으로 수술 후 5일간 입원한 경우 A보험사(20만 원, 40세 남성 기준)와 B보험사(10만 원, 40세 남성 기준)의 보험금 수령액을 비교해보았다.

(단위: 만 원)

구분	A사 ○○보험		B사 △△△보험	
	해당특약	보험금	해당특약	보험금
진단			허혈심장질환	1,000
수술	특정수술 3종	50	심뇌혈관, 5대기관, 71대질병수술, 질병(1~5종)	4,700
입원(일당)	신입원	10	질병입원(종합병원), 질병입원(수술)	25
입원(실비)			실손의료비(입원, 통원)	320
후유장해				
간병				
사망				
합계		60		6,045

극단적인 사례처럼 보이지만 실제로 이런 경우는 많이 있다. 그래서 위와 같은 질문으로 해당 질병이나 상해를 입었을 때 단계별로 얼마나 보험금이 나오는지 확인을 해야 한다.

국민연금·퇴직연금 알아보기

직장인이라면 국민연금과 퇴직연금의 예상 수령액을, 자영업자나 사업자라면 국민연금의 예상 수령액을 확인해보는 것이 은퇴 후 부족한 연금액을 계산하는 첫걸음이다. 예를 들어, 65세 시점에서 국민연금이 150만 원, 퇴직연금이 100만 원 나온다고 가정하면 월 250만 원의 연금을 수령할 수 있다. 만약 여기에다 내가 한 달에 필요한 은퇴 후 소득이 월 300만 원이라고 가정하면 50만 원을 추가적으로 받을 수 있도록 개인연금 혹은 수익형 부동산(원룸, 오피스텔, 아파트, 상가) 등을 준비할 필요가 있다. 먼저 국민연금 및 퇴직연금의 예상 수령액을 알아보려면 국민연금 사이트로 들어가 '재무설계-노후자금 설계'에서 예상 수령액을 조회하면 된다.

국민연금 예상수령액 조회 화면

공인인증서가 있다면 국민연금의 예상 수령액을 비교적 정확하게 알 수 있고, 퇴직연금의 경우는 퇴직연금 설계화면(재무설계-노후준비자금설계-퇴직연금설계)에서 입사 시 나이, 전년도 월 소득액, 퇴직연금 수령할 나이, 수령 기간을 입력하면 예상 수령액을 계산할 수 있다. 29세에 취업했고, 전년도 월 소득액이 400만 원이며, 60세부터 20년간 수령할 경우에는 DB형의 경우 107만 원, DC형의 경우 85만 원 정도 수령이 가능하다.

물론 은퇴 이후 퇴직금을 수령할 시점은 화폐가치가 인플레이션에 의해 하락할 것을 감안해서 계산하는 것이 좋다. 참고로 물가 상승률을 2% 정도로 감안하면 36년 뒤 화폐가치는 절반으로 하락한다. 29세에 입사한 청년이 36년이 지나 65세가 되면 그때 수령하는 연금 200만 원은 현재의 화폐가치로 100만 원이 된다. 즉, 미래에 수령하는 연금은 반드시 현재의 화폐가치로 환산해서 따져봐야 한다.

물가상승률에 따른 100만 원의 현재 가치

구분	10년 후	20년 후	30년 후	40년 후	50년 후	60년 후
1%	905,286	819,544	741,922	671,653	608,038	550,449
2%	820,348	6722,971	672,971	452,890	371,527	304,782
3%	744,093	553,675	411,986	306,556	228,107	169,733

퇴직연금 수령액 계산하기

재무설계

- 내연금 알아보기 (국민·개인·퇴직연금)
- 국민연금 알아보기
- 통합재무설계
- 노후준비자금설계 〉
- 간단재무설계
- 목적자금설계
- 재무계산기

노후준비자금설계

국민·퇴직·개인연금 시뮬레이션은
연금을 통한 노후에 필요한 준비자금을 알아보는 프로그램입니다.

본 설계 프로그램은 다양한 가정들에 기반을 두고 계산되므로 미래의 실제 수령 금액과는 차이가 날 수 있습니다.
고객님의 모든 정보는 본 설계프로그램과 재무설계 프로그램 이외의 다른 목적으로 사용되지 않음을 알려드립니다.
고객님이 입력하신 정보는 저장되지 않습니다.

| 기본정보 설정 | 국민연금 설계 | **퇴직연금 설계** | 개인연금 설계 | 통합 설계결과 |

〉 퇴직연금 정보 입력

입사시 나이를 입력하세요.(퇴직금을 중간정산한 경우 중간정산한 나이를 입력)		29 세
전년도의 월 소득액를 입력하세요.(0~1,000만원)	월	400 만원
퇴직연금 수령을 시작할 나이를 입력하세요.(0~100세)		60 세
퇴직연금을 몇 년 동안 수령할 것인지 (년)단위로 입력하세요.(5~50년)		20 년

· 퇴직연금은 기업이 근로자의 퇴직금 재원을 외부 금융기관에 적립하여 근로자가 퇴직할 때 연금 또는 일시금으로 지급받을 수 있도록 하는 제도입니다. 자세한 내용은 "노후설계상담〉연금제도안내"에서 확인하실 수 있습니다. · 연금제도안내보기

〉 퇴직연금 설계

재무설계

- 내연금 알아보기 (국민·개인·퇴직연금)
- 국민연금 알아보기
- 통합재무설계
- 노후준비자금설계 〉
- 간단재무설계
- 목적자금설계
- 재무계산기

노후준비자금설계

국민·퇴직·개인연금 시뮬레이션은
연금을 통한 노후에 필요한 준비자금을 알아보는 프로그램입니다.

본 설계 프로그램은 다양한 가정들에 기반을 두고 계산되므로 미래의 실제 수령 금액과는 차이가 날 수 있습니다.
고객님의 모든 정보는 본 설계프로그램과 재무설계 프로그램 이외의 다른 목적으로 사용되지 않음을 알려드립니다.
고객님이 입력하신 정보는 저장되지 않습니다.

| 기본정보 설정 | 국민연금 설계 | **퇴직연금 설계** | 개인연금 설계 | 통합 설계결과 |

〉 퇴직연금 예상연금액 확인

퇴직연금(DB)	첫 해 연금액	1,320 만원(월 110만원)
	개시년도~종료년도 (수급기간)	2035년~2054년(20년)
	총 예상납입액	21,631 만원
퇴직연금(DC)	첫 해 연금액	1,056 만원(월 88만원)
	개시년도~종료년도 (수급기간)	2035년~2054년(20년)
	총 예상납입액	21,631 만원

〉 국민연금 설계 **〉 개인연금 설계** **〉 통합 설계결과**

주택연금은 되도록 빨리 신청하라

은퇴 이후 국민연금, 퇴직연금으로만 살아가기는 어려워지고 있다. 저금리가 지속되면서 국민연금 및 퇴직연금의 운용수익률도 낮아지고 있고, 저출산 고령화로 인한 연금 재원 고갈이 빨라지면서 수령 시기를 늦추거나 연금 수령액을 줄이는 연금개혁이 화두로 떠오르고 있다.

미리 개인연금에 가입하지 못한 기성세대들은 추가로 연금에 가입하기엔 시간이 부족하다. 이럴 때 가장 쉽게 생각할 수 있는 것이 바로 주택연금이다. 살고 있는 집을 활용해 연금을 받고 그 집에서 죽을 때까지 살아가면서 사망 시에는 주택금융공사에 집을 넘겨주는 방식이다. 2014년 이후 베이비부머 세대의 은퇴가 가속화됨에 따라 주택연금의 신청자도 해마다 급증을 하고 있다.

반면에 종신 지급방식 주택연금의 경우 매년 수령액이 줄고 있다. 2019년 3월 개정된 지급방식에 따르면, 만약 내가 3억 원의 주택을 가지고 60세에 종신형 주택연금을 신청한다면 이전 62만 원에서 줄어든 59만5천 원을 수령하게 된다. 2012년의 경우 3억 원의 주택을 60세에 신청했다면, 매월 72만 원 수령이 가능했다. 따라서 주택연금신청을 대안으로 생각하는 은퇴자들은 가급적 빨리 연금신청을 하는 것이 유리하다.

주택연금 신규가입자 추이

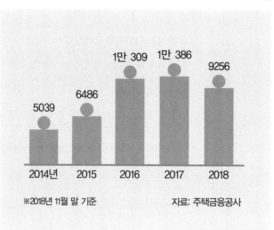

(단위: 명)

1만 309   1만 386

9256

6486

5039

2014년   2015   2016   2017   2018

※2018년 11월 말 기준

자료: 주택금융공사

주택연금 수령액, 종신형/정액형 기준(2019년 3월 현재)

(단위: 천 원)

주택가격	3억 원				5억 원			
연령	변경전	변경후	증감액	증감률	변경전	변경후	증감액	증감률
60세	620	595	△25	△3.9%	1,033	993	△40	△3.9%
65세	750	725	△25	△3.4%	1,250	1,208	△42	△3.4%
70세	919	895	△24	△2.6%	1,523	1,492	△40	△2.6%
75세	1,146	1,125	△21	△1.8%	1,910	1,876	△34	△1.8%
80세	1,464	1,446	△18	△1.3%	2,441	2,410	△31	△1.3%
85세	1,941	1,929	△12	△0.6%	3,235	3,215	△20	△0.6%
90세	2,731	2,729	△2	△0.0%	4,551	4,549	△2	△0.0%
평균				△1.5%				△1.5%

주택연금 가입조건 및 장점

구분	항목	내용	비고
가입 조건	1.연령	본인 또는 배우자의 나이가 60세 이상인 주택소유자	
	2.대상주택	시가 9억 원 이하의 일반주택 또는 노인복지주택 [복합용도주택인 경우 주택면적 비중이 1/2 이하인 경우 가입 불가]	
	3.가입비용	법무사 비용, 대출기관 인지세, 감정평가 비용 [70세 노인이 가입시 총 비용 90만 원 내외]	
	4.유의사항	임차보증금이 있을 경우 가입 불가[순수월세는 가입 가능] 주택연금 이용 중에는 임대보증금이 있는 임대는 불가 주택담보대출이 있을 경우 가입시 일시인출금을 활용해 주택담보대출 상환 조건으로 가입 가능	
장점	1.평생거주&평생지급	내 집에서 거주하면서 연금을 받고 배우자 중 한 명이 사망시에도 감액 없이 연금이 100% 지급됨	
	2.국가가 지급보증	국가가 지급을 보증하므로 지급 중단의 위험이 없다.	
	3.합리적 상속가능	연금수령액이 집값을 초과해도 초과분은 상속인에게 청구하지 않으며, 반대로 집값 대비 연금수령액이 적 을 경우, 남은 부분은 상속인에게 상속	
	4.세제 혜택	근저당설정 관련 세금면제, 재산세 감면(25%), 주택 연금 이자비용 공제	

개인연금 점검 포인트 4가지

개인연금은 3층 보장(국민-퇴직-개인)의 마지막 단계로, 젊은 시절에 제대로 된 연금에 가입하는 것이 중요하다. 하지만 지속되는 저금리 및 연금 상품의 다양화로 이미 연금에 가입했더라도 중간 점검이 반드시 필요하다. 연금의 중간 점검을 위해서는 다음의 4가지를 확인해보면 된다.

첫 번째, 진짜 연금보험인지 가짜 연금보험인지 구별해라.

게살과 게맛살은 천지 차이다. 놀랍지만 시중에 판매하는 게맛살에는 게살이 0%이다. 이렇듯 우리가 가입한 연금이 진짜 연금보험인지 연금 같은데 연금이 아닌 가짜 연금보험인지 확인해봐야 한다. 가장 쉽게 구별하는 방법은 대다수 진짜 연금보험은 연금이라는 단어가 마지막에 붙고 가짜 연금보험은 중간에 붙는다. '연금 받는…보험, 연금 타는…보험, 생활비 받는…보험'은 대다수가 종신보험으로 진짜 연금보험이 아니라 '연금기능이 있는 종신보험'이다. 이런 연금보험과 종신보험의 차이점은 바로 수수료인데 연금보험에 비해 종신보험이 수수료가 3배 이상 비싸다. 만약 연금보험의 수수료는 8% 수준인데, 종신보험의 수수료는 25% 수준이라면 월 100만 원을 불입할 때 연금보험은 8만 원을, 종신보험은 25만 원을 가져간다는 뜻이 된다. 동일한 수익률을 가정할 때 연금보험에 비해 종신보험이 원금 회복의 속도가 더딜 수밖에 없는 가장 핵심적인 이유이다.

두 번째, 연금의 수령 기간을 점검해라.

이미 가입한 지 10년 이상 지난 연금 대부분은 100세 시대 개념이 도입될 초창기라서 아무래도 연금 납입 기간만큼 수령 기간도 짧게 설정한 경우가 대다수였다. 예를 들어 40세에 연금에 가입한 박 과장이 10년납으로 연금을 설정했다면 수령 기간도 10년으로 설정했을 가능성이 크다. 따라서 박 과장의 연금 수령 기간은 60~70세일 가능성이 매우 높다. (연금은 3가지 기간이 있는데 납입기간-거치기간-수령기간이다) 이런 경우 문제가 생긴다. 평균수명이 늘어난 데 비해 연금의 수령 기간이 매우 짧고 특정 시기에 집중되어 있다는 것이다. 특히 상당수 연금의 수령기간이 60~70세에 집중됨에 따라 70~80세 이후 연금수령액이 턱없이 부족하거나 아예 없는 경우가 대다수이다. 따라서 개인연금 가입자는 은퇴 이후 연령별로 연금이 얼마씩 나오는지 어느 시점 이후 연금이 사라지는지를 점검해봐야 한다.

세 번째, 연금 예상 수령액을 재점검해봐야 한다.

과거에 가입한 연금 중 1990년 후반~2000년 초반에 판매한 확정금리형 연금 몇 가지를 제외하고는 대다수 연금은 공시 이율을 따라간다. 보험사에서 적용하는 공시 이율은 시장 금리에 따라 매월 변동이 가능한데 2000년 이후 보험사의 공시 이율은 급격히 하락해서 2019년 12월 현재 공시 이율은 보험사 별로 차이는 있지만 연 2~2.5% 수준이다. 그렇기 때문에 최초에 안내받았던 연금의 예상수령액은 나오기가 어렵다. 만약 가입 기간이 10년 이상 되었다면 생각보다 연금수령 예상액은 많이 줄어있을 것이다. 현재 시점에서 연금 수령 시점의 연금액을 다시 계산해야 한다.

네 번째, 연금에서 중도 인출을 받은 것이 있는지 확인해봐야 한다.

보험사는 회사별로 연금 상품에 중도 인출 기능을 두고 있다. 이 중도 인출은 약관대출과는 달라서 인출 기간까지 약정된 이자가 없다. 그래서 중도 인출을 하게 될 때 중도 인출 금액이 크고 기간이 길어질수록 수익률은 급감하게 된다. 중도 인출은 가입한 연금의 책임준비금(연금이 쌓인 금액)을 빼가는 것임으로 그만큼 복리 이자의 혜택을 누릴 수 없게 된다. 따라서 연금 상품에서 대출을 받을 경우에는 중도 인출보다 약관대출을 받아야 한다. 약관대출은 매월 약정된 이자를 물지만, 연금 상품의 책임준비금을 건드리지는 않기 때문에 약정된 이자를 받을 수 있다. 중도 인출은 당장에는 이자가 없는 듯 보여도 나중에 눈덩이처럼 불어난 복리 이자를 감당해야 하기 때문에(대출받은 금액과 기간에 비례해 연금수령액이 줄어든다) 주의하는 게 좋다. 가입한 연금 상품에 중도 인출이 있다면 연금에 적용되는 복리 이자를 제대로 수령하기 어려워진다.

은퇴 후 조심해야 할 폰지 사기

저금리 시대가 본격적으로 시작되면서 은퇴 이후 이자소득에 매달려 생활을 하는 게 어렵게 되었다. 시중은행이 연 1.5%대의 금리로는 10억 원을 넣어놓아도 매월 받을 수 있는 이자 소득은 105만 원 정도에 불과하다. 그래서 은퇴자들은 좀 더 높은 수익을 찾아 이리저리 발품을 팔게 된다. 여기서 주의해야 할 것이 바로 '확정고금리형 폰지 사기'이다. 본래 폰지 사기는 1920년대 이탈리아계 미국인 찰스 폰지(Charles Ponzi)가 벌인 '국제 우편 쿠폰을 활용한 사기 행각'에서 따와 대명사가 된 용어이다. 쉽게 말하자면 확정고수익을 표방하고 투자 자금을 유치한 후 실제로는 수익이 나지 않지만 투자 자금으로 수익을 충당하는 사기 형태를 말한다.

예를 들어, 수익형 부동산을 대상으로 폰지 사기를 벌인다면 1기 자금으로 100억 원을 모집하고 2기에는 300억 원을 끌어들이는 식으로 유치자금을 늘려가면서 2기의 투자금으로 1기의 수익을 보전해주는 수법이다. 지금까지 알려진 폰지 사기의 유형은 'FX 마진 거래를 활용한 외환선물 폰지 사기', '돼지분양을 미끼로 한 폰지 사기', '상품권 매입을 통한 폰지 사기', '부동산 투자를 미끼로 한 폰지 사기', '가상화폐를 활용한 폰지 사기' 등 그 유형이 다양하다. 하지만 이들 수법의 공통점은 모두 한 가지 '확정고금리'를 약속했다는 사실이다. 대다수 피해자들은 투자를 권유한 사람들의 말을 믿고 1천만 원부터 투자했다가 약정된 수익을 보장받자 주변 사람까지 끌어들여서 결국 몇 억 원 대의 피해를 입은 경우가 많았다.

물론 투자의 속성상 하이리스크-하이리턴 투자는 위험이 큰 만큼 수익률이 높다. 하지만 은퇴자들의 은퇴자금은 이렇게 고수익을 좇아서는 안 된다. 없으면 당장 굶어야 하는 생명 같은 돈이기 때문이다. 만약 주변에 '확정 고금리'를 표방해서 투자를 권유하는 사람이 있다면 폰지 사기일 가능성이 90%라고 생각하고 돌다리도 두드리듯 신중하게 대처해야 한다. 은퇴자금은 불리는 게 우선이 아니라 지키는 게 더 중요하다.

은퇴 후 시계는
3배 이상 느리다

은퇴하기 전 현역 시절에는 여가 시간 자체가 많지 않다. 요즘은 주5일제에 주 52시간 근무제의 도입으로 여가 시간이 다소 늘어났지만, 나의 경우 퇴근해서 집에 일찍 오면 보통 7시 30분이고 씻고 식사를 마치면 9시가 된다. 12시에 잔다고 가정해도 내가 온전히 나와 가족을 위해 쓸 수 있는 시간은 오롯이 3시간 정도다.

그런데 은퇴를 하면 어떻게 될까? 은퇴 전문가들에 따르면 은퇴 후에는 먹고, 자고, 씻는 시간을 제외하고 하루 평균 11시간의 여가 시간이 생긴다고 한다. 11시간씩 20년만 따져도 8만 시간이 나온다. 은퇴 전문가들은 이를 '은퇴 후 8만 시간'이라 부른다. 그런데 이마저도 이미 10년이 지난 이야기이다. 만약 60세에 은퇴를 해서 90세까지만 산다고 해도 '은퇴 후 12만 시간'이 된다. 다시 말하면, 은퇴 이후의 시간은 생각보다 훨씬 늘어나게 된다. 현역 시절에 일할 때는 시간이 화살같이 지나갔는데 은퇴 이후에는 시간이 잘 지나가지 않는다는 소리를 주변 노년층에게서 흔히 듣는다. 은퇴 후 20년이 마치 현역 시절의 60년처럼 느껴진다고 하는 사람들도 있다. 평균수명이 길어진 100세 시대에는 '제2의 직업'까지 생각해야 할 판이다. 꼭 재정적인 목적이 아니라도 소일거리가 없는 노년은 생각보다 불행할 수 있다.

그런데 '제2의 직업'을 가지는 일은 미리 준비하지 않으면 쉽지 않다는 게 많은 은퇴자들의 조언이다. 당신이 지금 현역 시절을 보내고 있다면 관심이 가는 일, 좋아하는 일, 하고 싶은 일들을 잘 생각해보고 관련 모임에 참석하는 등 착실히 미래에 대비해야 한다. 이제는 50세가 넘기 전에 제2의 직업을 진지하게 고민하고 준비해야 한다. 그래야 은퇴 후 느려지는 시간을 나름 의미 있게 보낼 수 있다.

노동보다 경험을 팔아라

사람들은 은퇴 이후 막막해진 제2의 인생을 위해 창업을 생각한다. 하지만 자영업자들이 넘쳐나는 창업 시장은 정말 녹록하지 않다. 최근 최저임금 인상으로 인해 그 사정은 더욱 악화되고 있고, 속속 은퇴하는 베이비부머 세대들의 자영업 진출 경쟁은 날로 심해지고 있는 상황이다. 실제로 우리나라 자영업 폐업률

국내 자영업 폐업 현황

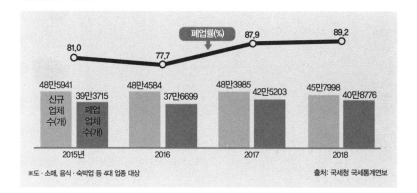

※도·소매, 음식·숙박업 등 4대 업종 대상

출처: 국세청 국세통계연보

은 2018년 기준으로 89%에 달한다(도·소매, 음식, 숙박 등 4대 업종 대상, 폐업 업체 수/신규 업체 수).

여기서 창업자 2명 중 1명은 1년을 버티지 못하고, 창업 5년 이내 폐업하는 비율이 50%가 넘는다는 계산이 나온다. 결국 은퇴 이후 막막한 나머지 창업에 나선 사람들의 인생이 상당수 노인 빈곤에 빠지는 폐단이 속출하고 있다.

나는 확실한 아이템을 잡았거나 미리 3년 이상 준비한 창업이 아니라면 평생 자신이 쌓아온 경험을 파는 쪽을 택하라고 권하고 싶다. 경험을 판다는 것은 은퇴 전 현역 시절에 본인이 했던 일이나 취미 또는 특기로 익혀온 일 중에 돈이 될 만한 게 있으면 은퇴 이후 본격적으로 시도하는 것을 뜻한다.

박 모 씨는 50대까지 자전거 라이딩을 취미로 즐겼다. 그리고 손재주가 좋아서 자전거를 조립하고 수리하는 데 특기가 있었다.

평소 동호회에서 만나는 사람들의 자전거 부품을 구해 수리해주기도 하고 액세서리 같은 것을 달아주기도 했다. 특히 외국에 출장이나 여행을 가면 꼭 자전거 용품점이나 수리점에 들려서 부품을 사고 현지의 트렌드를 배워오곤 했다. 이제 60대가 되어 은퇴한 박모씨는 자전거 라이더들이 많이 들리는 길목에 작은 자전거 수리점을 냈다. 이곳에서는 자전거 정비와 튜닝을 하며 그가 해외에서 직수입한 용품들을 저렴한 가격으로 판매한다.

50대 보험설계사인 신 모 씨는 평소에 보험 외에도 부동산에 관심이 많았다. 그래서 남은 시간을 쪼개 틈틈이 공인중개사 시험을 준비했다. 신 모 씨는 5년 전 당당하게 공인중개사 시험에 합격했고 지금은 부동산 사무실에서 일한다. 물론 같이 보험설계사 일도 하고 있다. 그는 요즘 유튜브도 제작하고 있는데 팔로워 수가 1만 명이 넘어갔다. 보험과 부동산 관련 내용, 그리고 자신 주변의 신변잡기를 SNS에 올려서 팔로워를 늘리고 있다. 이렇게 올린 게시글로 한 달에 50만 원이 넘는 광고 수입을 올리고 있다고도 한다. 그녀의 목표는 팔로워 수 10만 명을 달성하는 것이다. 이렇게 경험을 판다는 것은 자신의 특기나 관심 분야를 통해서 노후를 준비하는 것을 말한다. 되도록 자본이 들지 않으면서 자신만이 할 수 있는 분야를 찾아봐야 한다. 세상은 생각보다 넓고 노후에도 할 일은 많다.

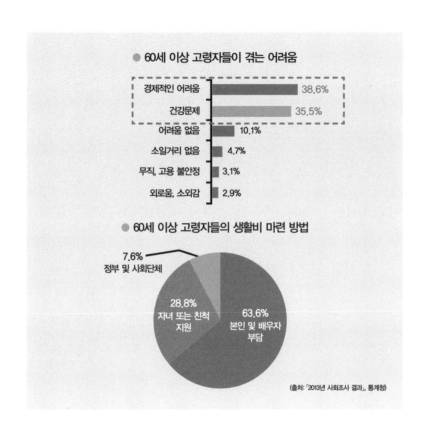

● 60세 이상 고령자들이 겪는 어려움

경제적인 어려움	38.6%
건강문제	35.5%
어려움 없음	10.1%
소일거리 없음	4.7%
무직, 고용 불안정	3.1%
외로움, 소외감	2.9%

● 60세 이상 고령자들의 생활비 마련 방법

7.6%
정부 및 사회단체

28.8%
자녀 또는 친척
지원

63.6%
본인 및 배우자
부담

(출처: 「2013년 사회조사 결과」, 통계청)

행복한 노후를 위한 관계계좌 적립법

대다수 은퇴자들은 행복한 노후를 위해 꼭 필요한 세 가지로
건강, 돈, 관계를 꼽는다.

사실 이 중에서 하나라도 빠지게 된다면 행복한 노후를 맞이
하는 게 어렵다. 그런데 주목할 사실이 하나 있다. 60세 이상 고

령자들에게 노후를 보내는 데 가장 어려운 점이 무엇인지를 물어보니 경제적인 어려움, 건강 문제, 일 문제 그리고 다음이 외로움이었다. 외로움과 소외감은 은퇴자의 설문 연령대가 높아질수록 점점 순위가 올라가는 추세를 드러낸다.

특히, 건강이나 경제적 어려움이 없는 계층은 대다수가 외로움이나 소외감 때문에 힘들다는 의견이 지배적이었다. 그런데 이 관계라는 것은 한 번에 만들어지는 게 아니다. 은퇴 전에 차근차근 주변과 관계를 쌓아 놓은 사람만이 외롭지 않을 수 있는데, 나는 이것을 '관계 계좌'라고 부르고 싶다. 관계 계좌는 크게 '부부 간' '부모와 자식 간' '친구 간' 세 가지가 있다. 이 관계 계좌는 평소에도 열심히 적립해야 하지만 특별히 더 신경 써야 할 시간이 있다.

첫 번째, 부부 관계 계좌에 더 많이 쌓을 수 있는 시점은 '아내 임신과 출산 기간', '배우자가 아플 경우', '배우자가 실직했을 경우', '배우자의 부모님이 아플 경우'이다. 이때는 부부가 서로를 더 필요로 하고 누군가 한쪽이 외롭거나 힘들 시기이다. 이때 서로 서운하게 보내거나 상처를 주게 된다면 향후 노후에 원만한 관계를 기대하긴 어렵다.

두 번째, 부모와 자식 간의 계좌는 '자녀가 부모를 인지하기 시작해서 놀아달라고 할 때까지' 관리해야 한다. 보통 이 시기는 5세~13세까지 8년 정도 되는데, 이때 형성된 부모와의 추억과 관계가 평생 관계를 이어주는 중요한 끈이 된다. 서글픈 현실이기는 하지만, 아이들이 사춘기가 되고 성장을 할수록 부모와 시간을 보내기보다는 또래 집단인 친구들과 보내는 시간을 더 좋아한다. 자녀를 둔 아버지들에게는 이 시간이 특히 소중하다. 자녀에게 은퇴한 아버지와의 추억이 생각나는지를 질문을 던졌을 때 좋은 추억을 떠올리는 시기가 대다수 이때로 집중되곤 한다. 부모님과 여행 간 기억, 아버지와 자전거를 탄 기억, 아버지와 캠핑과 낚시 간 기억 등 모두가 이때의 기억이다. 이때의 추억과 취미를 많이 가진 부모와 자녀들은 더욱 끈끈한 관계를 이어가기가 쉽다.

세 번째, 친구 관계의 경우는 기쁨과 슬픔을 함께 나누는 경조사가 계좌의 기본이다. 아무리 친한 친구도 경조사를 놓치면 관계가 소원해지기가 십상이다. 어렵거나 가장 기쁜 시기에 필요한 것이 친구이기 때문이다. 그래서 관계를 잘하는 사람들은 경조사를 우선순위에 두고 잘 챙긴다. 남들보다 먼저 가고 나중에 나온다. 특히 소중한 사람들일수록 더 그러하다. 그런데 우리가 많이 놓치는 것이 있다. 바로 '축하받을 일'이 생겼을 때이다. 승진이나 새집으로 이사 갈 때, 자녀가 좋은 대학에 입학했을 때는 제일 먼저 축하해주고 가장 기뻐해주는 친구가 유독 기억에 남는다. 사실 겪어본 사람들은 알겠지만, 슬픈 일보다 축하받을 일에 사람들의 관심이 덜한 게 사실이다. 따라서 축하받을 일에 진심으로 축하해주면 관계 계좌에 엄청난 보너스를 쌓아두게 된다. 당신이 친구가 가장 기쁠 때 배 아파하지 않고 내 일처럼 기뻐해준다면 그의 진정한 친구로 각인될 게 분명하다.

이렇게 적립된 관계 계좌는 평소도 그렇지만 특히 노후가 되어 진가를 발휘한다. 은퇴를 했음에도 여전히 사람들이 찾고 반겨줘서 외롭지 않게 살아갈 수 있기 때문이다. 오늘도 열심히 살고 있는 당신의 관계 계좌가 과연 제대로 관리되고 있는지 꼭 점검해보자.

행복한 관계를 위한 대화법

관계가 좋은 사람들의 특징 중 하나가 소통을 잘한다는 것이다. 특히 소통을 잘하는 사람들은 자신의 감정이나 소원을 지혜롭게 잘 표현한다. 더 쉽게 얘기하면 '예쁘게 자신의 감정과 욕구를 표현한다.' 우리가 순기능의 대화법을 배워야 할 필요성은 그래서 절실하다. 사람들의 관계에서는 말 한마디로 등을 돌리고 말 한마디로 호감을 사는 경우는 비일비재하다. 이런 맥락에서 우리가 여기서 주요하게 배워야 할 것은 '비폭력 대화법'이다.

상황을 가정해보자. 요즘 우리 아이가 스마트폰에 빠져 공부는 뒷전이라 며칠 전 호되게 혼을 내고 하루에 30분만 스마트폰을 하기로 약속했다. 그런데 퇴근 후 집에 오니 아이는 여전히 스마트폰 게임에 빠져있다. 심지어 퇴근한 아빠를 보고 인사도 안한다. 보통 이럴 때 우리는 어떻게 이야기할까?

"너 오늘도 게임 해? 아빠가 몇 번을 말했어. 이러니까 요즘 성적이 그 모양 아니야? 도대체 무슨 생각을 하고 사는 거야! 당장 스마트폰 이리 내놔!"

나도 이런 식으로 화를 내며 말하기 일쑤였다. 그런데 이런 대화에는 '감정과 비난'이 섞여 있기에 온전한 대화가 될 수 없다. 비폭력 대화는 관찰-느낌-욕구-부탁의 4단계를 거친다.

첫 번째 관찰 단계에서는 감정이나 비난을 걷어내고 팩트만 간결하게 얘기하는 게 중요하다. 좀 전의 상황을 빗대어 본다면 관찰 단계에는 이렇게 말하는 게 좋을 것 같다.

"아들, 아빠가 왔는데 스마트폰에 열중하고 있구나."

두 번째 느낌 단계에서는 비난하지 않고 감정을 표현하는 게 핵심이다.

"아빠는 네가 인사도 안 하고 스마트폰만 하고 있으니 서운한 마음이 든다."

세 번째 욕구 단계에서는 자신의 욕구를 표현해야 한다.

"아빠는 퇴근하면 아들이 반갑게 인사해주면 좋겠다."

마지막 부탁의 단계에서는 강압이나 명령이 아닌 정중하게 부탁조로 말해야 한다.

"그래서 말인데 이제부터 평일에는 스마트폰 게임 시간을 30분으로 줄이면 어떨까?"

솔직히 비폭력 대화는 상당한 인내심을 필요로 하고 상당 기간 훈련이 필요하다.

한 가지 상황을 더 들어보자. 주말에 가족 나들이를 준비하는 아내는 너무도 분주하고 정신이 없다. 애들 옷부터 나들이 김밥까지 챙기느라 새벽부터 부산하다. 남편은 어제 늦은 회식을 마치고 아침 9시에 일어났다. 피곤이 풀리지 않아 대충 세수만 하고 다시 소파에 누워 TV를 틀었다. 이를 본 아내는 화가 치밀어 올랐다

"이럴 거면 왜 나들이 가자고 했어? 당신 어제 밤늦게 술 마시고 새벽에 들어와서 지금 일어났으면서 또 TV만 보고 있어? 도대체가 나들이를 가자는 거야 말자는 거야?"

이렇게 감정이 섞인 국면을 비폭력 대화로 바꿔보자.

첫 번째 관찰 단계.

"여보 이제 일어났어? 당신 피곤한지 또 소파에 누웠네. TV 보는 거야?"

두 번째 느낌 단계.

"당신이 오늘 나들이 가자고 했는데, 밤늦게 들어와서 준비도 안 하고 있으니 좀 힘들다."

세 번째 욕구 단계.

"난 당신이 나들이 약속 있는 날은 일찍 들어와서 일찍 일어났으면 좋겠어."

네 번째 부탁 단계.

"당신 피곤한 건 아는데 애들 좀 챙기는 거 도와주면 안 될까? 차 막히기 전에 일찍 나서야지."

비폭력 대화가 어려운 사람들은 흔히 쓰는 말의 어미라도 기억해보자 "~하고 있구나." "~한 생각이 든다." "~해주면 좋겠어." "~해보면 어떨까?" 등등. 전부 소화하기가 어렵다면 관찰과 욕구를 드러내는 두 가지라도 해보자 "~하고 있구나." "~해주면 좋겠어." 무엇보다 비폭력 대화에서는 비난을 누그러뜨리고 정중한 어조로 표현하는 게 중요하다.

돈이 되는
부부 취미 공유법

노년까지 행복한 부부들의 가장 큰 특징 중 하나는 공통의 취미를 즐긴다는 것이다. 공통의 취미를 가지지 못한 부부는 은퇴 이후 같은 공간에서 보내는 시간이 많아지면 많아질수록 관계가 더 악화되기 쉽다. 만약 공통의 취미가 없다면 다음과 같은 방법을 시도해보자. 일단 A4용지를 두 장 꺼내 각각 하고 싶고 배우고 싶은 취미를 적어본다. 이렇게 함께 적다 보면 배우자가 하고 싶은 취미를 몰랐다는 사실에 서로 많이 놀라게 될 것이다. 어떤 분들은 스포츠 같은 동적인 취미를 원할 수 있고 어떤 분은 독서나 화초 키우기 등 정적인 취미를 원할 수 있다. 이렇게 적어놓은 상태에서 하고 싶은 취미 중 가장 무리가 없는 공통의 취미를 한 가지 선택하면 된다. 취미를 고르는 데는 몇 가지 기준이 있는데,

첫 번째는 최소 1주일에 1시간 이상 같이 보낼 수 있는 것이어야 한다.

운동을 예로 들자면 등산, 헬스, 수영, 배드민턴, 골프 등이 있다. 주의할 점은 한쪽이 이미 시작한 취미보다는 함께 배울 수 있는 취미를 선택하는 게 좋다. 누군가가 먼저 시작한 취미는 한쪽이 가르치고 다른 한쪽이 배우는 입장이라서 오히려 갈등이 생기는 경우가 많다.

두 번째는 둘 다 경험해보지 않고 공통으로 관심 있는 영역을 고르는 게 좋다. 예를 들어 남자는 등산이 취미이고, 여자는 꽃꽂이가 취미라면 두 가지를 모두 버리고 전혀 다른 영역을 선택하는 것이다. 이럴 때는 둘이 동호회에 가입해 함께 출석하고 배우기를 권한다.

세 번째는 은퇴 이후에도 생업으로 전환할 수 있는 돈이 되는 취미를 가지라는 것이다. 실례로, 인테리어에 관심이 많은 두 부부가 홈 스타일링 하는 사진을 블로그에 꾸준히 올렸는데, 이것이 사람들의 주목을 끌면서 두 부부가 은퇴하고 전업으로 나선 경우가 있다. 또 골프가 취미인 부부가 은퇴 이후 골프용품점을 차려서 운영하는 사례도 있었다. 이렇게 현역 시절에 갈고 닦았던 공통의 취미가 부부 사이를 가깝게 해주고 은퇴 이후에는 제2의 직업이 될 수 있다. 제대로 고른 부부의 취미 하나가 노후에는 든든한 연금이 될 수도 있는 것이다.

용돈 주는 시아버지, 시어머니

요즘 유행하는 '시대의 3대 거짓말'이란 유머가 있다.

첫 번째, 너희들이 좋은 게 우리도 좋은 거다.

두 번째, 딱 2년만 들어와 살다가 분가해라.

세 번째, 나는 너를 딸처럼 생각한다.

사실 노후에 자녀와 등을 돌린 부모는 다른 모든 것을 갖추어도 행복하기 어렵다. 그렇다면 누가 먼저 마음의 문을 열고 다가서야 할까? 나는 부모라고 생각한다. 부모 세대와 달리, 요즘 젊은 부부들은 맞벌이, 육아, 교육, 주택부채상환 등 여러 현실적 문제에 부딪치다보면 좀처럼 여유를 갖기가 어렵다. 더구나 만성적인 경제 불황과 저금리의 여파로 불확실한 미래에 대한 불안 또한 떨쳐버리지 못하고 있다. 결국 내 삶을 돌보기도 벅찬 자녀가 효자, 효녀 노릇까지 해주길 기대하기란 쉽지가 않다.

나는 노후의 일자리, 연금, 건강, 관계 맺기 등도 중요하지만 자녀에게 '용돈 주는 시아버지, 시어머니' 또는 '용돈 주는 장인어른, 장모님'이 되어보는 게 어떠냐고 조심스럽게 제안해본다. 물론 채 준비도 못하고 은퇴를 맞이하신 분들에게는 선뜻 와 닿지 않을 이야기이지만 지금 중년을 보내고 있는 분들이라면 충분히 준비할 수 있다고 생각한다.

지금 단순하게 돈 이야기를 하고 있는 게 아니다. 용돈을 얼마나 주느냐보다는 용돈을 줄 마음이 있느냐가 중요함을 전하고 있는 것이다. 좀 더 현실적으로 말하자면, 명절이나 생일날 뭔가를 바라다 기대에 못 미치면 서운해 하는 노년이 아니라, 반대로 자녀나 손주들의 생일 또는 경삿날에 용돈을 주고 선물하는 노년을 보내라는 말이다.

3년 전, 회사 여직원의 인스타그램에 시아버지께 받은 생일 꽃다발이 올라왔다 '세젤예(세상에서 제일 예쁜) ○○, 생일 축하해'라는 축하 카드와 함께. 정말 신세대 시아버지였다. 며느리를 딸처럼 생각하는 시아버지와 시댁의 가풍을 엿볼 수 있었다. 그 여직원은 시어머니와 스스럼없이 아들 흉도 같이 본다고 했다. 자신에게 속상한 일이 있으면 시어머니는 며느리 입장에서 이야기를 들어준다고도 했다. 물론, 그러기까지 며느리인 그 여직원 역시 시댁 부모님을 정성을 다해 모셨겠지만 자녀의 행복을 위해 배려하는 시부모님의 노년이 부러워 보였다.

부창부수라고 했던가. 부부의 노년은 닮아가기 마련이다. 성경에 보면 '무엇이든지 남에게 대접을 받고자 하는 대로 너희도 남을 대접하라'(마태복음 7장 12절)는 구절이 있다. '너희를 한평생 키우느라 고생했으니 너희도 우리를 보살펴야 한다'라고 생각할 게 아니라, '너희가 행복하게 잘 지내는 게 우리의 행복이니 남은 시간도 너희를 위해 보탬이 되겠다'라고 생각한다면 노년이 좀 더 풍성해질 것이다.

배우자의 사생활을 존중하라

남편의 시간표와 아내의 시간표는 좀 다르다. 남편은 젊은 시절부터 은퇴할 때까지 직장과 일터에서 만나는 사람들과 아내보다 더 많은 시간을 보내며 회식도 하고 모임도 갖는다. 지금은 다소 달라졌지만, 우리나라에서 직장 생활을 하려면 평일뿐 아니라 심지어는 주말에도 직장에 매여 있어야 했다. 이렇게 30년 동안 한솥밥을 먹으며 동고동락했던 직장인들은 은퇴하면 절반 이상 관계가 끊어진다.

반대로 아내는 젊은 시절 맞벌이를 하면서 직장 생활을 하기도 하지만 가정에서 자녀를 돌보면서 살아가는 경우도 많다. 살림을 하는 전업주부들의 인간관계는 가정의 주변에서 맺어질 수밖에 없다. 이들의 모임은 남자들의 직장 생활에서처럼 매일 얼굴을 보지는 않지만 시간이 지날수록 견고해진다. 이해타산이 얽혀있는 직장과는 달리 자녀를 키우는 엄마이자 서로 또래 집단이라는 공감대가 있기 때문이다. 사실 60대에 가까워 은퇴한 남편은 이전보다 모임이나 관계가 줄어들지만 여자들은 거꾸로다. 50대를 넘어 60대가 되면 피크를 이룬다. 이제 아이들은 물론 남편의 뒷바라지도 끝난 마당이라서 시간적 여유가 많이 생긴 덕분이다.

어느 날 할아버지 세 분이 얼굴이 퉁퉁 부어서 경로당에 오셨다. 깜짝 놀란 주위 사람들이 왜 그러냐고 묻자, 60대 할아버지는

"아침밥 안 주냐고 했다고 맞았소", 70대 할아버지는 "(아내에게) 어디 가냐고 물었다가 맞았소", 80대 할아버지는 "아침에 눈 떴다고 맞았소"라고 했다. 요즘 유행하는 간 큰 남자 시리즈이다. 실소를 자아내는 서글픈 유머이다.

그런데 노년의 부부 관계에서 이렇게 배우자의 사생활을 존중하지 않아 생기는 문제들이 심심치 않게 일어나고, 심한 경우 황혼 이혼까지 벌어진다. 아내 입장에서는 돈도 못 벌어다 주는 남편이 은퇴하고 집에만 있으니 잔소리가 늘어 꼴도 보기가 싫다. 남편 입장에서는 한평생 가족을 위해 일했는데 은퇴하고 대접받기는커녕 짐짝 취급을 받으니 서럽기만 하다. 실제로 이런 사례는 정부 고위직이나 대기업 임원을 지낸 노인들에게서 쉽게 목격된다. 현역시절 비서와 기사, 그리고 섬기는 사람들이 늘 주변에 있었지만 은퇴 이후는 마치 산 정상에서 미끄러져서 절벽 아래로 떨어지는 느낌 속에서 살게 되는 것이다. 물론 평범한 사람들도 은퇴 이후 부부는 각자의 시간표가 엇갈리면서 비슷한 사생활의 갈등을 겪게 된다.

남편이든 아내든 배우자의 사생활을 존중해야만 한다. 무엇을 하든, 누구를 만나든 그 사람의 영역을 존중해줄 필요가 있다. 은퇴 후 각자의 시간을 알차게 보내는 부부가 더 화목하게 잘 지낸다는 통계도 있다. 실제로 우리보다 20년 먼저 고령 사회를 경험한 일본은 은퇴한 노인들끼리 외곽에 조그마한 사무실을 얻어 출근하며 일명 '회사 놀이'를 한다고 한다. 거기서 바둑이나 장기 같은 것으로 시간을 보내고 같이 TV를 보고 정치 이야기를 나누며 점심도 먹고 저녁이 되면 다시 집으로 돌아온다는 것이다. 고령화 시대를 겪으면서 늘어난 시간을 지혜롭게 보내는 노인들의 단면이다. 물론 이들이 노인 시설이나 동네 양로원에 갈 수 있겠지만 현역 시절 같이했던 사람들과 추억을 살려 함께 지내는 공간을 더 원했던 것이다. 게다가 매일 어디론가 출근하기 때문에 집에만 있는 노인과는 달리 배우자와의 사소한 갈등을 피할 수 있다. 배우자끼리 어떠한 준비도 없이 맞이하는 은퇴 이후의 삶은 약이 아니라 독이 될 수 있음을 알아야 한다.

80세에 골프를 칠 수 있다는 것

자녀에게 용돈을 주는 시아버지나 아내의 사생활을 존중하는 노년의 남편은 은퇴 이후 삶의 지혜를 전하는 이야기이다. 즉, 돈이 그리 많지 않아도 행복한 노년을 위해 얼마든지 목표를 설정해 실천할 수 있는 삶이다. 나는 '은퇴 자금 5억 모으기' 같은 거창한 목표보다 이런 소박한 목표를 세워 은퇴 이후를 대비하는 게 현명하다고 생각한다.

일 년 전인가 지인의 초청으로 평소 가기 어려운 회원제 골프장에서 평일 라운딩을 즐긴 적이 있다. 전반을 마치고 클럽하우스에서 후반을 기다리고 있는데, 백발의 할아버지 3명이 클럽하

우스 소파에서 라운딩을 기다리며 담소를 나누고 계셨다. 최소한 나이가 85세는 넘은 것 같았고, 한 분은 90세가 넘어 보였다. 은근슬쩍 캐디에게 물어보았다.

"저런 할아버지들 여기에 자주 오세요?"

"네, 나이 드신 할아버지 할머니 회원님들 많이 계세요. 그런데 저렇게 연세 많이 드신 세 분이 같이 오시는 경우는 드물어요. 아무래도 나이가 많으시니까 기력이 딸리시죠. 전반만 돌고 가시는 경우도 있어요."

캐디의 말을 듣고 그분들을 보면서 몇 가지 생각을 하게 되었다. 저 연세에 골프를 칠 수 있다는 것은 '첫 번째로 건강이 있어야 하고, 두 번째로 돈이 있어야 하고, 세 번째로 살아있는 친구도 있어야 한다.' 그래서 그날 이후 나는 삶의 목표 하나를 더 잡았다. '80세에도 일주일에 한 번 이상 라운딩 가기! 그리고 아들 내외랑 같이 골프 치기!'

이 두 가지 목표를 위한 나만의 머라밸을 생각해보았다. 아들 내외랑 골프를 치려면 내 나이가 최소 70세는 넘을 텐데 일단은 건강해야겠고, 아들 내외와 사이가 좋아야 하고, 그린피를 내줄 수 있는 재력이 있어야 할 테니 말이다.

내가 그만한 재력을 쌓아 노년을 맞을 수 있을지는 장담하기 어렵다. 하지만 목표가 동기부여를 하고 거기에서 에너지를 얻게 된다면 가능한 꿈일 수도 있다.

머라밸은 구체적인 숫자보다 상황을 설정해 목표를 구체화할 때 효과를 얻을 수 있다는 게 나의 지론이다. 지금 당장 여러분도 자신만의 머라밸 목표를 잡아보자. 자신이 좋아하는 것을 찾아 나이를 먹어서도 건강과 돈에 구애받지 않고 사람들과 어울리며 즐길 수 있다면 성공적인 머라밸로 평가될 수 있을 것이다.

5장

행복한 머라밸의
완성을 향해

Money Life Balance

부부 관계가 좋아야
돈도 모인다

부부가 맞벌이를 하다 외벌이를 하면 재정 관리에 큰 어려움을 겪게 된다. 물론 한쪽이 돈을 관리하고 매 순간 가계 재정의 흐름을 부부가 공유했다면 큰 문제는 없을 것이다. 하지만 각자 번 돈을 따로 관리하거나 재정 현황을 공유하지 않고 살았다면 사정은 크게 달라진다. 여기에 부부 관계마저 여의치 못하면 머라밸의 행복은 꿈조차 꾸기 어려워진다.

각자가 자신의 돈 관리를 하는 맞벌이 부부의 경우, 관계가 소원해지면 서로 자기보상 심리에 따라 과소비를 하는 경향이 생겨난다. 예를 들어, 맞벌이 부부가 함께 육아를 맡기로 약속했지만 남편이 퇴근을 늦게 하며 육아를 등한시하면 아내는 다른 생각을 하게 된다. '같이 돈을 버는데 내가 꼭 이렇게 독박 육아를 해야 하나?'라는 불만이 꿈틀대며 자기보상 심리가 작동해 마구잡이 소비를 하면서 스트레스를 해소하려 들곤 한다. 남편도 감정의 이반이 생길 수밖에 없다. 가정에서 심리적 안정을 찾지 못해 결국 집에 들어가기 싫은 상황이 반복되면 밖에서 모임을 자주 갖게 되고 돈을 흥청망청 쓰게 된다. 이런 소비습관은 맞벌이 부부가 외벌이가 되어도 계속되기 마련이고 가정 경제를 뿌리째 흔드는 상황을 몰고 온다.

결국 부부 관계가 좋아야 돈을 모을 수 있다. 만약 부부 사이에 문제가 없다면 다음과 같은 방법으로 자산관리를 하라고 권하고 싶다.

첫 번째, 공동의 목표를 정한다. 여기에는 돈과 관련된 재무적 요소와 함께 비재무적인 요소도 감안해야 한다. '50세에 2층짜리 전원주택에서 살자'는 목표를 설정했다면, 일단 50세까지 얼마를 모아야 하고, 어떤 곳에 집을 장만할 것이며, 어떤 형태의 주택을 지을지 그 목표를 구체화해 부부가 공유한다. 또한 '이 주택에 공동의 서재를 마련해서 200권의 책을 정리 진열하고 매주 토요일 10시부터 3시까지는 부부가 좋아하는 책을 같이 본다', 혹은 '옥상에 작은 텃밭을 꾸며 5가지 정도의 채소를 자급자족한다'는 식의 비재무적 목표도 세워 공유하는 게 바람직하다.

두 번째, 매월 혹은 매 분기 가족 재무회의를 통해 현재의 자산 현황과 그동안 소비 실태를 분석하고 얼마나 지출을 줄이고 저축과 투자를 늘릴지를 상의한다. 이 단계에서는 주기적인 정리가 필수이고, 특히 지속적인 기록을 바탕으로 재무 상태를 냉철하고 객관적으로 들여다볼 수 있게 해야 한다.

세 번째, 부부가 끊임없이 무언가를 배워야 한다. 부동산, 주식 등 돈과 관련된 공부뿐 아니라 공동의 취미를 살리기 위한 배움의 끈을 놓지 말아야 한다. 특히 혼자가 아니라 부부가 함께하는 학습은 서로 소통하며 관계를 긴밀하게 다지는 소중한 시간이 된다.

자녀 용돈은
훌륭한 경제교육 수단

자녀에게 용돈을 주는 방법만 바꾸어도 아주 효율적인 경제교육이 가능하다. 용돈은 경제적으로 능력이 안 되는 어린 자녀나 연로한 부모님에게 지급하는 경우가 대부분이다. 보통 노동이나 다른 특별한 일에 대한 대가가 아니라 무상으로 지급되다 보니 자녀든 부모님이든 용돈을 받는 게 당연시되기가 쉽다. 따라서 용돈을 주는 방법과 원칙을 몇 가지 점검해볼 필요가 있다. 다음과 같은 방법을 유념해서 실행할 것을 권한다.

첫 번째, 소비 통제가 잘 안 되는 자녀에게는 일급 또는 주급을 주고, 소비 통제가 잘되는 자녀에게는 월급을 줘라. 아직 저축이나 소비 통제를 하기 어려운 초등학교 저학년의 경우는 일급부터 시작해서 돈을 쓰고 저축하는 방법을 동시에 가르쳐야 한다. 그러나 소비 통제를 잘하는 아이는 일급이나 주급보다 월급을 주는 게 좋다. 월급의 범위 내에서 스스로 소비도하고 저축도

하게 하면 된다.

두 번째, 용돈은 기본급과 성과급으로 나누어야 한다. 무조건 일정 금액의 용돈을 주는 것은 바람직하지 않다. 기본급을 깔아주되 성과급(인센티브)의 개념을 가르칠 필요가 있다. 다만 인센티브는 부모가 자녀와 협의해 정한 목표나 미션을 달성했을 때 주는 것을 원칙으로 한다. 예를 들어, '집안일 돕기 5회 이상', '일주일에 책 한 권 읽고 독후감 쓰기' 등이다. 기본급과 성과급의 비율은 7대3 정도가 적절하다.

세 번째, 용돈 사용 내역을 반드시 적게 한다. 용돈 장부를 마련해 돈을 어디에 썼는지를 반드시 기록해서 지출 내역을 점검하게 한 후 다음번 용돈을 주어야 한다. 꼭 필요한 지출에는 ○, 필요 없었던 지출에는 ×, 애매한 지출에는 △ 표시를 해서 그 주나 그달에 지출한 내역을 스스로 평가하게 하면 좋다. 여기서 핵심은 주간이든 월간이든 부모님이 자녀의 장부를 살펴보며 자녀의 소비 생활을 지도해야 한다는 것이다.

네 번째, 자녀 이름의 저금통장을 만들어줘라. 여기에는 자녀의 세뱃돈, 친구나 친척에게서 받은 용돈 등을 모아두게 해야 한다. 절대로 부모가 돈을 관리하겠다고 하지 말고 자녀의 통장에 넣어서 실물을 직접 자녀가 볼 수 있게 하는 것이 중요하다. 만일 자녀가 수년간 모은 돈을 부모가 투명하게 관리하지 못해 날려버린다면 저축 의지가 꺾이는 것은 당연하다.

다섯 번째, 자녀를 지역 벼룩시장 같은 경제활동 현장에 꼭 참여시킨다. 별것 아닌 것 같지만 물건을 정리하고 팔아보고 거래하는 경험만으로도 당신의 자녀는 남보다 훨씬 더 빠르게 경제 개념에 접근할 수 있다. 세상에는 공짜가 없고, 더 좋은 가격을 받으려면 어떻게 팔아야 하며, 필요 없는 물건을 가지고 있는 것은 경제적으로 손해라는 사실 등을 자연스럽게 배울 수 있게 된다. 물론 온라인이든 오프라인이든 벼룩시장에서 판매한 수익금의 일부를 미리 약정한 대로 자녀에게 지급해야 한다.

자녀를 위한
우량주 투자법

지금은 저금리 시대이고 단지 저축만으로 자산을 쉽게 불리기가 어렵다. 그래서 일정 부분 자녀의 용돈이 모이면 우량주에 투자해보는 것도 나쁘지 않다.

다만, 중소형주나 변동성이 심한(기술 진보가 빠른 IT기업이나 바이오주) 주식을 제외하고 저평가된 가치주나 배당 성향이 높은 주식 중에 성장세가 예상되는 종목이 괜찮다. 그리고 이런 종목을 선택할 경우는 각 분야에서 시장점유율이 높은 1위 기업을 선택하는 게 좋다. 이렇게 꾸준히 성장한 종목으로 LG생활건강, 한국쉘석유, 삼성전자 같은 기업들이 있다. 유망 종목들을 고를 때는 일봉이나 주봉이 아닌 월봉*을 장기적으로 봐야 하고 기업의 배당

LG생활건강, 삼성전자, 한국쉘석유 월봉차트

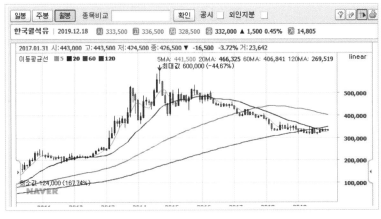

성향 및 성장 가능성, 그리고 무엇보다 꾸준히 이익을 내는 기업인지를 봐야 한다.

물론 이런 기업들에 대한 주식투자도 적립식으로 시작해야 한다. 기간이 긴 장기투자를 할 수 있다는 장점이 있어 2019년 8월처럼 종합주가지수가 2000포인트 이하로 하락한 약세시장에도 나쁠 것은 없다. 이렇게 자녀가 기업의 주주가 되면 기업으로부터 주주총회 참석을 알리는 소집 공고부터 여러 가지 기업 현황에 대한 보고서가 도착하게 된다. 아직은 서투른 초등학생, 중학생이라도 차근차근 알려주면서 기업과 경제에 대한 분석을 같이 해보면 살아있는 경제 교육을 할 수 있다. 개별 종목이 부담스럽거나 좀 더 안정적인 투자를 원하는 분들에게는 3장에서 소개한 ETF를 통한 간접투자를 권장한다. 코스피는 물론 반도체, 조선, 자동차 같은 섹터 및 해외투자와 원자재(금, 은, 원유, 구리, 콩 등)에도 투자가 가능하기 때문이다. 세계화된 경제를 경험하고 싶거나 좀 더 안정적인 장기투자를 원하면 ETF가 적합하다.

＊월봉 : 주식 차트에서 한 달 동안 주가의 움직임을 막대(봉) 모양으로 표현한 것.

인생 이모작을 위한
몇 가지 조언

첫째, 발품을 팔아라.

현역 시절부터 은퇴 이후의 삶을 고민하며 대비한 사람과 그렇지 못한 사람의 결과는 확연하게 다를 수밖에 없다. 은퇴 후 막막한 인생을 맞이하지 않으려면 무엇보다 현역시절 부지런히 정보를 수집해야 한다. 그 첫째 단계로 서울시에서 운영하는 서울시 50플러스 재단(50plus.or.kr) 프로그램에 참여해보기를 권유한다. 여기에서는 50세 이후를 준비하는 다양한 강연부터 학습, 그리고 구직 프로그램까지 무료로 접할 수 있다. 물론 이런 프로그램에 참여하면서 같은 또래 집단의 사람들과 많은 정보를 교류할 수도 있다.

둘째, 노후는 배우자와 같이 준비하라.

노후 준비를 해도 배우자가 공감을 하지 않는다면 갈등의 씨앗이 될 수 있다. 단순한 취미생활일지라도 부부가 함께 하고 감정을 공유할 수 있는 것을 선택해 준비하는 게 좋다.

셋째, 금전적인 투자는 최소화하고 기술을 먼저 익혀라.

준비 없는 막연한 노후를 맞이하는 분들의 가장 큰 고통은 퇴직금을 잘못 투자하거나 창업에 실패해서 금전적인 어려움을 겪는 것이다. 그래서 창업이나 투자는 신중을 기해야 한다. 똑같은 200만 원을 벌어도 나의 기술로 버는 200만 원이 훨씬 더 안정적인 생활에 도움이 된다는 것은 말할 필요도 없다. 눈높이를 조금만 낮추면 기술을 배워 활용할 수 있는 일들이 얼마든지 있다. 물론 시간이 걸리는 어려운 기술일수록 자신의 부가가치는 높아진다.

넷째, 젊은이들과 경쟁하는 일은 피해라.

내가 아무리 노련하고 사업 수단이 뛰어나도 젊은이들과 경쟁하는 시장은 바람직하지 못하다. 정보의 습득과 학습의 속도에서 젊은이들을 따라잡기가 쉽지 않기 때문이다. 재취업해서 일할 때도 젊은이들의 경쟁자가 되기보다는 서포터 같은 멘토가 되어주는 게 좋다. 젊은 시절 직장에서는 높이 올라가는 게 목표였다면 은퇴 이후 직장에서는 오래 다니면서 건강하게 지내는 것이 목표가 되어야 한다. 아무리 능력이 뛰어나도 젊은이들에게 경쟁자로 비추어진다면 그들과 함께 일하기는 어렵다.

다섯째, 네트워크를 꾸준히 유지해라.

은퇴 이후 가장 어려움을 겪는 일 중 하나가 사람들과의 네트워크가 끊기는 것이다. 물론 또래 집단의 사람들이 나이를 먹어가며 서로 멀어지는 환경에 놓이는 것은 어찌할 수 없는 현상이다. 극단적으로 나이를 먹는다는 것은 곧 죽음과 가까워진다는 말 아닌가. 사람들이 모였다하면 이래저래 소소한 비용이 들어가는 문제도 네트워크를 유지하는 데 무시하지 못할 요소이다. 결국 젊은 시절부터 다양한 연령대의 모임에 꾸준히 참석해야 그나마 나이가 들어도 기댈만한 인맥을 이어나갈 수 있다. 네트워크가 풍부한 사람일수록 아무래도 쉽게 일자리를 구할 수 있음은 더 말할 나위가 없다. 정보력이 단연 앞서기 때문이다.

나의 버킷리스트 SMART하게 작성하기

죽기 전에 꼭 해봐야 할 버킷리스트(bucket list)를 작성하는 게 한참 유행이던 적이 있었다. 현역 시절에도 마찬가지지만 은퇴 이후 삶을 위한 버킷리스트를 작성해서 삶의 의지가 새로워졌다는 분들을 적잖게 만나고 있다. 은퇴 이후 버킷리스트를 가지고 있느냐 없느냐의 차이가 노년의 삶에는 중요하다. 만약 지금 40대를 살아가는 현역이라면 지금부터의 버킷리스트를 작성하기 바란다. 현역 시절에 이루지 못한다면 은퇴 이후의 과제로 넘겨 예기치 않게 뜻 깊은 노년을 기대할 수 있기 때문이다. 버킷리스트를 작성하는 가장 큰 이유는 뭐니 뭐니 해도 자신이 원하는 삶이 무엇인지 진지하고 냉철하게 돌아볼 시간을 주기 때문이다. 또 적어놓은 버킷리스트를 실행하는 과정에서 계획하고 도전하다 보면 삶이 한층 활력을 띠게 된다. 그렇다면 어떤 형식으로 버킷리스트를 적어야 할까?

첫째, 4가지 영역으로 구분해서 적는다. 4가지 영역은 가고 싶은 곳, 갖고 싶은 것, 되고 싶은 것, 하고 싶은 것이다. 가고 싶은 곳과 갖고 싶은 것에는 돈이 필요하고 되고 싶은 것과 하고 싶은 것에는 노력이 필요하다. 먼저 4가지 영역을 파악하는 이유는 자신이 진정으로 무엇을 원하고 있는지를 찾아내기 위해서다. 4가지 영역을 적을 때는 내용을 아주 구체화하는 게 중요하다. 예를 들어, 하고 싶은 것을 작성하려면 단순히 '몸무게 감량'이 아니라 '2020년 3월까지 10kg 감량하기'로 수치화하는 것이다.

둘째, 버킷리스트를 작성하는 데는 몇 가지 원칙이 있다. 구체적(Specific)이어야 하고 측정 가능(Measurable)해야 하고, 행동 지향적(Act-oriented)이어야 하며 현실적(Realistic)이어야 한다. 그리고 반드시 마감 기한(Time-limited)이 있어야 한다. 이를 앞 글자를 따서 SMART 작성법이라고 한다.

셋째, 버킷리스트를 작성했으면 마감 기한이 빠른 것부터 구체적인 실천 계획을 세워야 한다. 예를 들어 '2020년 3월까지 10kg 감량하기'가 버킷리스트라면 2020년 계획은 '1월부터 매일 걷기 7천 보, 두 정거장 전에 내려서 집까지 걷기, 탄수화물 섭취 반으로 줄이기' 등을 실천계획으로 설정할 수 있다.

넷째, 버킷리스트를 작성했다면 가장 잘 보이는 곳에 붙여놓자. 우선 휴대폰과 다이어리에 버킷리스트를 적어놓고 그 다음에는 화장대, 현관, 방문 등 잘 보이는 곳에 그것을 붙인다. 필자가 아는 어떤 가족은 가족 버킷리스트를 매년 작성해서 현관문 앞에 붙이고 매월 실천하는 것들을 지워나가는 방식으로 서로의 삶을 독려한다. 가족 구성원의 버킷리스트를 서로 알고 있고 각자의 버킷리스트 달성을 서로 응원하는 것만으로 큰 변화가 일어났다고 한다. 특히, 가족 구성원 공통의 버킷리스트를 작성하면서 서로에게 더 많은 동기를 부여할 수 있었다고도 했다. 나만의 버킷리스트가 있고, 그 버킷리스트를 내 주변에서 이해하며 지지해준다면 삶에는 큰 변화가 오게 된다. 오늘 당장 나만의 버킷리스트를 작성해보자.

후회 없는 삶을 위한
5가지 조언

의사와 간호사들이 호스피스 병동에서 삶의 마지막을 보내는 사람들을 관찰하며 나눈 대화로 엮은 책을 보았다. 제목은 '죽을 때 후회하는 것들'이다. 물론 우리가 삶을 후회하지 않기 위해 사는 것은 아니다. 그러나 사람들이 죽을 때 후회 없는 삶을 살았다고 생각한다면 훨씬 더 행복하지 않을까. 이 책에서 우리가 평생 후회하지 않고 더 행복하게 살기 위해 새겨둘 필요가 있는 5가지 삶의 방식을 소개한다.

첫째, 주변 사람이 아닌 내가 원하는 삶을 살아라.

우리는 주변 사람들, 특히 가족과 친구들을 의식하며 살아 자신이 원하는 삶을 놓치는 경우가 허다하다. 직업이나 평생을 함께할 배우자를 주변 사람들의 영향을 받아 선택할 때가 있으며, 심지어 취미까지도 자신보다는 주변의 희망을 좇아 즐기곤 한다. 너나 할 것 없이 진짜 원하는 삶을 진지하게 고찰하는 기회를 갖지 못하고, 획일화한 교육 아래 남들처럼 살면 2등은 할 수 있다는 무사안일에 매몰되어 있기 때문이 아닌가 싶다.

둘째, 실패해도 괜찮다. 도전해라.

호스피스 병동의 많은 사람들이 실패가 두려워 도전하지 못했던 과거를 후회한다고 의사들에게 털어놓았다. 이들은 도전하지 못한 이유가 나이가 아니라 용기가 없었기 때문이라고 했다고 한다.

셋째. 더 자주 표현해라.

'사랑한다. 고맙다. 보고 싶다. 미안하다'라는 말을 자주하지 못했던 자신을 후회하는 사람도 많았다. 그 대상은 주로 가장 가까운 배우자를 포함한 가족들이었는데, 모두들 가족과 시간을 더 많이 보내지 못하고 따뜻한 한마디를 제대로 표현하지 못한 것을 아쉬워했다.

넷째. 친구들과 자주 연락해라.

바쁘다는 핑계로 친구들에게 자주 연락하지 못해 결국 연락이 끊기게 되는 현실 또한 인생의 막바지에 있는 사람들에게는 슬픈 일이다. 보고 싶은 사람들을 볼 수 없어 후회한다는 사람들도 많았다.

다섯째. 일과 삶의 균형 못지않게 '돈과 삶의 균형'도 중요하다.

호스피스 병동의 환자 대다수가 일하느라 그리고 돈을 버느라 자신의 삶을 돌보지 못한 것을 후회했다. 젊은 시절은 돈을 벌기 위해 고된 일로 몸을 혹사시켰고, 돈은 벌었지만 나이 들어 그 돈을 병원비로 지불하고 있는 인생이 허망하기까지 하다고 했다. 젊은 시절 가족을 등한시하는 바람에 말년에 그들에게 외면당하고 있다는 가슴 아픈 글을 남긴 사람들도 있다.

행복한 머라밸은
지금부터 시작이다

우리는 돈 문제에서 늘 자유로워지기를 원한다. 하지만 가지면 가질수록 더 많은 것을 갖길 원하는 게 돈이다. 더 많이 갖고자 하는 욕구, 그리고 그 욕구를 충족시키는 과정에서 남들과 비교하다 보면 불행해지기 일쑤다. 오히려 모든 것을 잃었다고 생각할 때 하나씩 정리하고 내려놓으면서 정신적으로 풍요를 느끼며 자유로운 삶을 꾸려나갈 수도 있다.

아이러니한 것 같지만, 물질과 정신 모두를 풍요롭게 갖춰나가기란 참으로 어려운 듯하다. 빌딩을 여러 채 소유한 부동산 부자나 시골에서 작은 텃밭을 일구는 농부나 똑같이 행복을 누릴 수는 없는 것일까. 문제는 '행복의 기준을 어디에 둘 것인가? 그리고 과연 원하는 삶이 어떤 것인가?'라는 근본적인 질문에서 출발한다. 나에게는 질문의 배경에 돈만 있는 게 아니었다. 아니, 돈 말고 더욱 중요시한 것은 삶의 가치였다. 그래서 나는 머라밸의 중요성을 새삼 인식하며 글을 쓰게 되었다.

매일 과일·채소 행상을 하는 아버지는 3, 5살 꼬맹이 아들, 딸을 돌볼 시간이 좀처럼 없다. 새벽에 나가서 저녁 늦게 들어오면 아이들은 이미 잠들어있어 아내와 늦은 저녁 소주 한잔하면서 하루를 끝내게 된다. 아이들에게는 늘 미안하지만 주택 대출을 갚고 아이들을 교육시키려면 시간을 쪼개서 부지런히 살아야 한다. 그래도 일요일 하루는 온전히 쉬면서 아이들과 같이 나들이를 가고 놀아주는 좋은 아빠이다. 경제적으로 더 여유롭다면 평일에도 아이들과 더 많은 시간을 보내고 싶지만 그럴 수가 없기에 주일에 아이들에게 정성을 쏟는다. 아내는 이런 아빠를 아이들에게 늘 자랑스럽게 이야기한다. 그리고 종종 아빠가 장사하는 곳을 찾아가 아이들과 같이 도시락을 먹기도 한다. 남편에게는 일주일에 한 번 정도 있는 이런 아내와 아이들의 깜짝 방문이 큰 힘이 된다. 아이들이 아빠를 부르며 품에 안길 때면 세상을 다 가진 것 같다.

어쩌면 우리는 매 순간마다 돈과 삶의 행복 사이에서 선택을 하고 있는지도 모른다. 내가 이 책을 집필한 이유는 이런 선택에서 좀 더 과감하고 대범해지는 방법론을 찾기 위해서이다. 누구든 경제적으로 힘들 때 행복을 말하기 어려운 게 현실이지만 물질만을 쫓다가 소중한 삶을 잃는 경우도 종종 목격되곤 한다. 내가 원하는 머라밸이란 젊은 시절부터 경제적으로 하나씩 착실하게 기반을 다져나가면서도 소중한 삶을 잃지 않고 행복하게 꾸려나가는 것이다. 머라밸의 시작에는 늦은 때란 없다. 지금부터 행복한 삶을 유지할 경제력을 갖춰나가면서 소중한 것들을 찾아 실현하는 그런 삶을 만들어보자.

여러분의 머라밸은 지금부터 시작이다!